职业教育基础课教学改革规划教材

实用礼仪教程

主　编　鲍小平

副主编　闵　清

参　编　林铁红　张觉力

主　审　李景华

机 械 工 业 出 版 社

本书是为职业学校开设的公共礼仪课而编写的一部实用礼仪教材。内容包括绪论、学生礼仪、形象礼仪、言表礼仪、公共礼仪、社交礼仪、面试礼仪、宴请礼仪、办公礼仪、商务礼仪和中国民族礼俗共十章，基本涵盖了学校、社会、企业对其所属成员的礼仪要求。本书着眼于礼仪规范的实用性、连续性和系统性，目的是让学生掌握在他们成长各阶段中应该具备的礼仪知识和技能，以成功应对学业、就业和从业等重要人生步骤。本书还将品德修养与礼仪修养统一起来，使二者在学生学习中和成长中起到相互促进的作用。

本书内容翔实、深入浅出、图文并茂，便于学生学习和读者阅读。书中所设的“长见识”和“读一读，想一想”等栏目则为读者提供了大量相关的礼仪故事和案例，从而提升了本书的趣味性和实用性。

本书既可作为各类职业学校的教材使用，也可作为教师教学和学生学习的参考用书，还可以作为学生课上自学和课外阅读的读物。

图书在版编目（CIP）数据

实用礼仪教程/鲍小平主编．—北京：机械工业出版社，2010.9（2015.8重印）
职业教育基础课教学改革规划教材

ISBN 978-7-111-32039-5

Ⅰ．①实…　Ⅱ．①鲍…　Ⅲ．①礼仪—高等学校：技术学校—教材
Ⅳ．①K891.26

中国版本图书馆 CIP 数据核字（2010）第 190087 号

机械工业出版社（北京市百万庄大街 22 号　邮政编码 100037）
策划编辑：宋　华　　　　责任编辑：蔡　岩
封面设计：王伟光　　　　责任印制：李　洋
北京振兴源印务有限公司印刷
2015 年 8 月第 1 版第 5 次印刷
184mm×260mm · 11.75 印张 · 287 千字
9001—11000 册
标准书号：ISBN 978-7-111-32039-5
定价：24.00 元

凡购本书，如有缺页、倒页、脱页，由本社发行部调换

电话服务	网络服务
社服务中心：（010）88361066	教材网：http://www.cmpedu.com
销售一部：（010）68326294	机工官网：http://www.cmpbook.com
销售二部：（010）88379649	机工官博：http://weibo.com/cmp1952
读者购书热线：（010）88379203	**封面无防伪标均为盗版**

前　言

随着我国改革开放的深入、社会主义市场经济体制的完善和发展，人际交往越来越密切。学习和掌握现代礼仪规范，对于即将完成全日制学校教育走向社会的在校学生来说具有特殊意义，可以这样形象地比喻：礼仪是他们成长的红绿灯、步入社会的通行证、事业成功的立交桥。因此，系统而有成效地向这部分学生讲授礼仪规范，是职业学校培养现代人才的重要内容之一。

然而，作为各类职业学校公共课之一的礼仪教学，目前还普遍存在着这样的偏颇，即侧重礼仪对学生“才”的培养，却忽视了礼仪对学生“德”的提升；侧重向学生描绘礼仪的现象，却忽视了向学生解读礼仪的本质；侧重向学生介绍礼仪的知识和规范，却忽视了学生对礼仪的体验、操行与养成。究其原因，除了认识上的问题之外主要在于教材编写得针对性、系统性不够和种类的不健全，出现了公共课使用专业课教材的现象。于是，我们产生了编写一本在时间上适用于学生各成长阶段、内容上统筹兼顾的新教材的想法，以满足公共课礼仪教学的需要。也就是说，该教材针对学生成长过程来讲授相应的礼仪规范，使礼仪规范对学生具有理论的实用性和实践的指导性。为此，我们邀请了多位从事礼仪教学的同行对几所职业学校当前公共课礼仪教学的现状进行了细致的调研，其结果更加坚定了我们编写本教材的决心。

本教材的特点在于：第一，突出针对性。如第一、二、三章，让学生学以致用，在学校就养成自觉用礼仪规范约束自己日常行为的习惯，做到心灵美、形象美与语言美的统一；第二，突出阶段性，如第四、五章，向学生讲授在社会上要做一个讲道德、讲文明、讲礼貌的公民；第三，突出实用性，如第六、七、八、九章，向学生讲授毕业走向社会，如何通过面试被录用，开始自己的职业生涯，并成为品行好、业务精的优秀员工；第四，突出思想性。如绪论、第十章，向学生讲授礼仪的本质、产生和发展，使学生热爱祖国的优秀传统礼俗文化，了解和尊重各少数民族的民风民俗，通过首尾呼应的方式提高学生的思想道德素质。将上述四个特点概括起来，就是把职业学校的学生培养成为利己利民、立业立国相统一的高素质的社会主义劳动者。

本教材在编写的过程中参阅了近年来出版的礼仪书籍和涌现出的礼仪研究成果，吸收了许多适用于本教材内容与体系的宝贵资料与文献，在此对上述有关专家和学者表示衷心的感谢！

在此也向为本教材的编写付出辛勤劳动的渤海大学图书馆人员、渤海大学政法学院师生表示衷心的谢意！

本教材由鲍小平任主编，闵清任副主编，李景华任主审。参与编写的还有林铁红、张觉力。

由于我们学识及能力水平有限，难免存在疏漏和不足，恳请广大读者和同仁批评指正。

编　者

目　录

绪论

随着社会的进步和发展，人际交往的范围不断扩大，礼仪已渗透到社会各个领域、各个方面。讲究礼仪能够使我们通过塑造自己来尊重别人，通过尊重别人来成就自己。我们各类职业学校的学生为了将来能够顺利就业、发展自我、服务社会，成为“高素质的劳动者”，就应当从我做起，从现在做起，用规范的礼仪标准来指导自己的一言一行，做到学礼用礼，以礼待人，成为礼仪之邦的传承者、中华民族的新一代。

一、礼仪的涵义

“礼”在《现代汉语词典》中的解释是：社会生活中由于风俗习惯而形成的成为大家共同遵守的仪式。“仪”是指人的容貌、举止。“礼仪”指的就是人类社会交往中应有的礼节仪式。

站在不同的角度上，我们对礼仪这一概念可做出的解释如下：

1）从修养的角度看，礼仪是一个人的内在教养和素质的外在表现。在彬彬有礼、温文尔雅的举止背后必然有善良、正直的品格和修养。

2）从道德的角度看，礼仪可以被界定为为人处世的行为规范，或者说是标准做法、行为准则。

3）从交际的角度看，礼仪可以说是适用于人际交往中的一种交际艺术、交际方式或交际程序，是人际交往中约定俗成的示人以尊重、友好的习惯做法。

4）从民俗的角度看，礼仪既可以说是在人际交往中必须遵守的律己敬人的习惯形式，也可以说是在人际交往中约定俗成地表现出对他人的尊重、友好的习惯做法。简言之，礼仪是待人接物的一种惯例。

5）从传播的角度看，礼仪可以说是在人际交往中提高沟通质量、强化沟通效果的一种技巧。

6）从审美的角度看，礼仪可以说是一种形式美、行为美。它是心灵美的外化。

了解上述几种对礼仪的诠释，可以进一步加深对礼仪的理解和把握。总的来说，礼仪是：人们在社会各种交往中，为了表示互相尊重而体现在语言、仪容、仪表、仪态、风度等方面的约定俗成的、共同认可的规范和程序。

礼仪的应用渗透到了社会生活的各个方面，涉及吃穿、交往、沟通、情商等多个领域。

二、礼、礼貌、礼节、礼仪的关系

1．礼

礼的本质是“敬”，含有关心、友好、敬重、谦恭、体贴之意。礼是一个非常宽泛的概念，在一般人的表述中，与“礼”有关的词有三个，即礼貌、礼节、礼仪。在大多数情况下，它们是被视为一体，混合使用的。其实，从内涵上来看，三者不可简单地混为一谈，它们之间既有联系又有区别。

2．礼貌

所谓礼貌，是指人与人在交往中，通过语言、仪表、仪容及举止等方式相互表示友好的道德要求。

3．礼节

礼节通常是指人们在交往中，相互表示尊重、友好、祝愿、慰问以及给予必要的协助与照料的惯用形式。礼节实际是礼貌的具体表现。

4．礼仪

对于礼仪的含义，前面已经阐述过，此处不再复述。

可见，礼、礼貌、礼节、礼仪是对同一事物不同方面的表达和反映。

三、礼仪的产生和发展

1．礼仪的产生

礼仪源于礼。礼的产生，可以追溯到远古时代。自从有了人，有了人与自然的关系，有了人与人之间的交往，礼便产生和发展起来。

✪ 长见识 0-1

礼是怎样产生的

一是原始人为维持自然“人伦秩序”而产生礼。在原始人群体生活中，男女有别，老少有异。这既是一种天然的人伦秩序，又是一种需要被所有成员共同认定、保证和维护的社会秩序，由此便产生了礼。

二是原始人为维持社会“生活秩序”而产生礼。在人们的交往中，不同的人群相遇时，为了表达信任和敬重，便形成了各种各样的表达方式，这样慢慢出现了固定形式的礼。

在刀耕火种时代，人类已知道应有的礼貌。那时，人类的祖先以打猎为主，世界对他们来说充满着危险，因此，当不同部落里的人相遇时，如果双方都怀着善意，便伸出一只手来，手心向前，向对方表示自己手中没有石头或其他武器，走近后，两人互相摸摸右手，以示友好。这一源于安全交往需要的动作被沿袭下来，便成为今天人们表示友好的握手礼。

三是原始人为维持对“神灵”、“祖先”的崇拜，定期举行祭祀、赞颂和祈祷活动，久而久之形成了惯例，这些惯例被传承下来便形成了“礼”。

由于原始人认识自然的能力很低，面对变幻莫测的自然现象和无法驾驭的自然力量，往往迷惑不解，从而对自然界充满了神秘莫测感和恐惧敬畏感，于是便产生了“万物有灵”的原始宗教观念。在这种观念的影响下，原始人开始一厢情愿地用原始宗教仪式等手段来影响神灵。祭祀活动就是人类为表达这种崇拜之意而举行的仪式。这种仪式在祭祀活动的历史发展中不断得到完善，进而形成一种制度来为自己的功利目的服务。人类的自然崇拜逐渐扩展到人类自身，开始转移到那些在与自然界斗争中创造奇迹、做出贡献的“英雄”身上，如中国古代的“教民农桑的伏羲氏”、“尝百草的神农氏”、“治水有功的大禹”，等等。他们都成了人类心目中的神，理所当然地受到了人类的祭祀、赞颂、祈祷等。随后，祖先也成为人类崇拜的对象。于是原始人虔诚地向这些“神灵”和“祖先”打恭跪拜，表示崇拜、祈祷、致福。祭祀活动日益频繁，原始人的“礼”便产生了。

2. 礼仪的发展

由于社会生活的节奏逐步加快，人们的思维方式和生活方式也渐渐发生了根本性的变化，旧的体制不断消亡，新的礼俗层出不穷，礼仪也发生了许多根本性的改变。

（1）礼仪形式日趋简化

中国古老的礼仪，有一套程式化的动作规范。比如见官员和长辈要下跪、普通人相见要打躬作揖等。这种礼节产生于氏族社会末期，贯穿奴隶社会、封建社会。这种繁文缛节与其存在的慢节奏的生活方式相适应，而与当代的工业文明相悖。从跪拜到作揖，动作简洁了许多，继之以握手、点头和微笑，非语言交往礼仪已经简化得不能再简了，适应了高节奏的现代生活。当今许多场合，只以点头微笑的情态礼仪，再加上一句“您好”的招呼语，一次完整的礼仪活动便告结束。接下来可切入正题，有话则长，无话则短。现代的生产方式和生活方式迫使人们将传统礼仪的冗繁削尽，即使是重要场合的礼仪活动，也尽可能删繁就简，把注意力更多地放在实际效果上。

（2）现代礼仪日渐丰富

改革开放把中国推到了世界的面前，市场经济的勃兴，促使整个社会交往空前活跃。中华民族在过去的一百多年里，从来没有像现在这样扬眉吐气过；在世界民族之林里，从来没有如此巍然屹立过。八方来客，四面来风，带来了新技术、新思想，也带来了世界各国、各民族的礼仪风俗。世界在变小，交际的纽带在变长，礼仪的内容也日益丰富起来。

四、礼仪的基本原则

1．尊重

尊重就是在人际交往中维护对方的人格尊严，这是礼仪的最基本的原则。尊重原则首先表现为真诚待人，不说谎、不虚伪、不骗人；其次表现为对他人的正确认识，相信他人，保护他人的隐私。尊重别人应注意三点：一是给他人充分表现的机会；二是对他人表现出自己最大的热情；三是永远给对方留有余地。这样，在尊重别人的同时也一定会赢得别人的尊重。

2．遵守

在交际应酬中，每一位参与者都必须自觉、自愿地遵守礼仪，用礼仪去规范自己在交往活动中的言行举止。

遵守的原则是对行为主体提出的基本要求，更是人格素质的基本体现。只有遵守礼仪规范，才能赢得他人的尊重，确保交际活动达到预期的目标。

3．自律

自律的原则是礼仪的基础和出发点。自律就是在社会交往过程中自己要做到克己、慎重、积极主动、自觉自愿、礼貌待人、表里如一。学习、应用礼仪，最重要的就是要自我要求、自我约束、自我对照、自我反省，自我检查，不能妄自尊大，口是心非。

简而言之，自律就是自我约束，按照礼仪规范严格要求自己，知道自己该做什么，不该做什么。

4．适度

应用礼仪时要注意适度得体，把握分寸。礼仪是一种程序规定，而程序自身就是一种“度”。礼仪无论是表示尊敬还是热情都有一个“度”的问题，没有“度”施礼就可能进入误区。

真正待人有方的人总是与别人保持一定的距离，正如美学中的一种观点：距离产生美。

五、礼仪的基本特征

1. 国际性

礼仪作为一种文化现象，它跨越了国家和地区的界线，为世界各国人民所共同拥有。

2. 民族性

礼仪作为约定俗成的行为规范，在拥有共性的同时，还表现出一种较为明显的民族、国家的差异性。

3. 传承性

礼仪是一个国家和民族传统文化的重要组成部分，随着世代不断传承，在传中变，在变中传，兼容并蓄。

4. 时代性

礼仪作为一种文化范畴，具有浓厚的时代特色，为时代服务，打上时代烙印。

六、礼仪的主要作用

2000 年 12 月 12 日中国香港《公正报》在《社会有礼祥和》一文中指出：“富者有礼高雅，贫者有礼免辱，父子有礼慈孝，兄弟有礼和睦，夫妻有礼情长，朋友有礼意笃，社会有礼祥和。”这是对礼仪作用的精辟诠释。那么，现代礼仪有哪些作用呢？

1. 塑造良好形象

歌德说：“一个人的礼貌，就是一面照出他肖像的镜子。”在社交活动中，人们常常根据对方的外貌、举止、表情、谈吐、服饰、应对、进退等表面特征，对对方做出初步的评价和形成某种看法，即第一印象。这种人际认知的第一印象，虽然具有表面性和片面性，若一旦形成，往往使人产生某种心理定式，对人际交往的成败绝续和人际关系的融洽与否起着重要作用。

长见识 0-2

一口痰“吐掉”一项合作

一家国资企业和一家外资企业达成了引进“大输液管”生产线的协议，准备第二天举行签字仪式。当天，这位厂长在陪外商参观车间时向墙角吐了一口痰，然后用鞋底擦掉。他没有想到这个细节被外商看在眼里，当时外商没说什么，第二天这位外商却不辞而别。他请翻译给厂长送去一封信，信中这样说：“恕我直言，一个厂长在公众面前的行为可以反映出这个工厂的管理素质，何况我们今后要生产的是用来治病的输液管。贵国有句谚语：人命关天！请原谅我的不辞而别……”就这样，一项基本谈成的合作项目因为“一口痰”告吹了。实际上，一个人在公共场合的表现绝不仅仅是个人行为，还直接影响一个企业、一个单位、一个民族、一个国家的形象，甚至影响这个民族、这个国家的经济发展。

2. 沟通有益信息

礼仪是一种行之有效的沟通技巧，要善于从人际交往中获得有益信息，就须熟悉礼仪，用礼仪的相关行为规范指导自己的交际活动，从而更好地向交往对象表达自己的尊重、友善之意，以增进彼此之间的了解与信任。

3. 协调人际关系

《礼记·礼器》说：“君子有礼，则外谐而内无怨。”现代礼仪是人际关系的润滑剂和调节器。由于社交礼仪的基本原则是敬人律己、真诚友善，因而它能联络人们相互间的感情，架设友谊的桥梁，协调各种人际关系，营造一个和谐友善的社会氛围，也有助于建立和发展人与人之间相互尊重和友好合作的新型关系。即使在人与人之间发生了某种不快、误会和碰撞时，通过一句礼貌用语，一个礼节形式，便会化干戈为玉帛，重新获得彼此的理解和尊重。初次相遇的陌生人，只要礼节周全，也会成为一见如故的知心朋友。

4. 促进社会文明

《礼记·冠义》说：“凡人之所以为人者，礼义也。”礼仪是人类社会脱离野蛮阶段，进入有序的文明社会的标志。在当今，礼仪更成为一个民族，一个国家文明程度的重要标志。荀子在强调礼的作用时说：“人无礼则不生，事无礼则不成，国家无礼则不宁。”可见，古人已经把懂礼与否看做是关系到人的贤愚、事业成败、国家安危的大事。

七、青年学生应具备的礼仪修养

青年学生是祖国的未来和希望，自古以来就以“修身、齐家、治国平天下”为己任。因此，为了实现中华民族的伟大复兴，使我国在未来的国际竞争中立于不败之地，必须加强和提高青年学生以做事先做人、正人先正己为核心的礼仪修养。主要内容有以下三个方面：

1. 品德素质修养

人往往有这样一种感觉：礼仪无非是表示对他人尊敬的表面形式，其实不然，决定一个人或一个民族礼仪程度和水平的因素是人的品德素质。如果没有品德素质这一决定因素，那么礼仪就成为无源之水、无本之木。因此，提高人的礼仪修养就是提高人的品德素质修养，反之亦然。

1）诚实。诚实是为人处世的首要原则，是做人首先应具备的礼仪修养。无论在何种条件下，青年学生都要以诚相待。真诚待人才能产生人格魅力，具有亲和力。因此，一个人失去诚实而坑蒙拐骗是不能立身处事的。

2）公正。公正是礼仪的基础，它要求对人无论亲疏，也不论其职位高低，都应一视同仁、平等相待，因为公平正义比阳光还重要。

3）廉洁。俗话说，“心底无私天地宽”。而廉洁奉公、不谋私利，又是形成良好社会风气的根本因素。从新老交替的规律来看，今天的青年学生必然要走上明天所有的社会岗位。因此，对青年学生灌输崇尚廉洁的思想观念不是可有可无的小事，而是意义深远的大事。

4）谦逊。谦逊要求待人接物要温和有礼、平易近人、尊重他人；对自己要有自知之明，在成绩面前不居功自傲，在缺点和错误面前不文过饰非。

5）宽容。在社会交往中，青年学生要有宽宏大度、容人容事的气量。能宽容他人的弱点和不足，容纳他人与自己不同的观点、意见和生活习惯，能与各种人相处。

2．文化素质修养

文化是人类精神文明的结晶，是人们认识世界、改造世界的成果，是人类的灵魂。因此，文化水平的高低决定一个人认识问题的能力和解决问题的方法及对事物的态度。青年学生只有具有一定的文化素质修养，才能站得高、看得远，胸怀宽广，善解人意，易于同他人沟通与合作。

3．心理素质修养

1）广泛的兴趣。青年学生具有广泛的兴趣，不仅可以使自己容易找到和公众的共同语言，从而产生认同感和亲近感，还可以增强自己工作的乐趣。

2）开朗和善的性格。青年学生应该在自己的性格重建上保持和发展开朗、热情、勤奋、坚韧等优良品质，努力克服封闭、冷漠、懒惰、怯懦等性格弱点。

3）稳定而乐观的情绪。青年学生要有热情，有干劲，处处表现出积极性和对事业的热忱。不论遇到什么挫折，都要保持乐观的态度和征服困难的勇气。

4）坚强的意志。青年学生面临着今天的学习和明天的就业等压力，要在激烈的社会竞争中脱颖而出，无论是在顺境中还是在逆境中都必须有坚强的意志去迎接考验和挑战。

八、学习礼仪的意义

1．礼仪是学生成长的红绿灯

礼仪虽然是我们能够直接感觉到的人们相互表示敬意的外部形式，但是它的内部决定因素是人们的道德观念，因此，礼仪实际上就是指挥我们人生的红绿灯，在人生道路上按着“绿灯行”、“红灯停”的原则行事，就是正确的。当我们看到应该这样做的绿灯时，我们就要积极地去做，而且做好；当我们看到不应该那样做的红灯时，我们就坚决不去做。照此下去，大家就会沿着正确的人生道路成长，逐步养成好的生活习惯，形成好的道德观念。

2．礼仪是毕业生步入社会的通行证

马克思说：“人的本质是社会关系的总和。”这句话告诉我们一个深刻的道理：人是不能脱离集体单独生存的，一个人必须与其他人联系起来才能生存和发展。现实中我们看到，人与人之间的社会关系越密切、越广泛，人类就越进步，社会就越向前发展，人的成长创造的条件就越优越。例如我国的改革开放，一方面促进了人与人之间、国与国之间的交往，现代化的步伐加快了；而现代化的通信、交通的发展，又将人们的距离拉得越来越近了。很难想象，在现代社会里一个人难与他人沟通会是一个什么样子。因此，我们学好怎样才能尊重别人、与他人交往、建立起良好的社会关系的礼仪，是非常重要的。同学们现在还没有真正步入社会，大家一定要先学好礼仪，拿到这张步入社会的通行证。

3．礼仪是学生未来事业成功的立交桥

之所以将礼仪称之为学生未来事业成功的立交桥，是因为成就事业需要具备各种条件。这些条件的创造，是通过建立起良好的社会关系来实现的。如“一个好汉三个帮”的朋友关系、“团结就是力量”的团队关系、“讲借讲还，再借不难”的信誉关系、“打虎亲兄弟，上阵父子兵”的亲情关系、“三个臭皮匠赛过诸葛亮”的合作关系等，无一不是靠沟通、尊重、信任来构建和维系的。此外，成就事业还要与有关职能部门、同行等打交道，这些都需要当事人具备良好的交际能力和协调能力。正因为如此，才称礼仪是学生未来事业成功的立交桥。

九、学习礼仪的方法

1．起点——学会尊重他人

礼仪本身就是尊重他人的外在表现形式，只有从内心尊重他人，才会有得体的礼仪言行，尊重他人的态度是人与人接触的必要和首要的态度。“刘备三顾茅庐”的故事说明，只有尊重别人，才能受到别人的尊重和信赖，在事业上才能获得成功。周恩来一生鞠躬尽瘁，为了党和人民的事业贡献了毕生精力，他每次外出视察工作，离开当地时总是亲自和服务员、厨师、警卫员、医护人员等一一握手道谢。周总理是尊重他人的典范，是我们学习的榜样。

2．前提——掌握礼仪的原则

大家要有一个轻松、和谐的环境，每个人就必须把自己不符合社会环境需要的随意性，用同一尺度、同一标准来进行约束和规范，这个尺度和标准就是礼仪

的原则。

3．基础——提高自己的自尊心

自尊，即自我尊重，是希望被别人尊重，不向别人卑躬屈节，也不容别人侮辱、歧视的一种心理状态。它是人的自我意识的表现，并以特定的方式指导人的行动，是一种积极的行为动机。具有正确自尊心的人应具有待人谦逊、不骄不躁的品格。尊重他人，自己也能得到他人的尊重，自尊心在提高的同时，其内心的道德要求也在提高。所以，培养高尚的人格，养成自尊、自爱、自律的良好品德显得尤为重要。礼仪教育可以作为动力和导向，在个体发展上发挥重要作用。

4．关键——养成良好的行为习惯

在日常生活、工作中，要刻意培养自己的良好行为习惯，注意自我检查、自我监督，坚持按礼仪规范行事，并不断学习且善于向他人学习，不断提高自己的礼仪水平，这样最终可以使你成为一位优秀的职业人员。

5．重点——强化礼仪的实践训练

一个人的礼仪只能在言行中反映出来，不说不动就不能说明某个人讲不讲究礼仪，每个人都要在理解礼仪要求的基础上，敢于在日常的言行、平时的接人待客中展现自己文明有礼的形象。有些人平时也知道要讲文明、懂礼貌，但在公共场合或陌生环境中，其礼仪规范就无法发挥，这是他们缺乏自信的表现。要树立信心，懂得应用得体的礼仪言行是自我良好形象的塑造过程，要敢于展示“一个有礼、自信、文明的自我”，并且充分利用各种场合、机会去表现这一点。

思考与练习

1. 礼仪的含义是什么？
2. 礼仪的基本原则是什么？
3. 在校学生学习礼仪有什么意义？
4. 谈谈怎样才能学好礼仪？

模拟训练

1. 请分组，每组编一段类似《一口痰“吐掉”一项合作》的情景剧，反映礼仪在社会生活中的重要性。

2. 请分组，以“礼仪是我们步入社会的通行证”为主题，编一个小品，反映一个不懂礼仪的人在社会生活中遇到的困难，来说明礼仪对于学生走向社会之后的意义。

读一读，想一想

彝海结盟

1935 年 5 月下旬，长征途中的一支红军先遣队在刘伯承和聂荣臻的带领下按着毛泽东的指示来到了彝区。这个地区将是主力红军避开大路选择小路摆脱国民党大军围追堵截渡过大渡河的必经之地，因此能否顺利通过该地区关系到红军的前途。但是，由于历代反动统治阶级一贯推行民族压迫政策，对彝族军事上征剿，政治上歧视，经济上掠夺，文化上同化，使彝族人民遭受了深重的苦难。当地部分汉族商人经常利用彝族人们的朴实诚恳，对他们进行欺诈和剥削；国民党军阀的军队又经常对他们进行“剿讨”和抢掠。这一切，都引起了彝族人民对汉人的猜忌和敌视，形成了极深的成见。他们特别反对汉人的“官兵”入境，因此，红军要顺利地通过这个地区，不是一件容易的事情。显然，要让彝族人民能够很快地了解红军是支什么样的军队，了解共产党与国民党的区别，唯一的办法就是广泛宣传党的民族平等、尊重少数民族习俗和民族团结的政策。红军真诚友好、以礼相待的言谈举止，对彝族人来讲是开天辟地以来没有过的事，同国民党官兵和欺压彝族人民的大汉族主义形成鲜明的对比，使他们深受感动。5 月 22 日这天，彝族沽基家的头人小叶丹提出要见红军司令员，刘伯承在彝家海子的水塘边会见了他。小叶丹说：“听说你们要打刘文辉，主张彝汉平等，我愿与司令结义为弟兄。”刘伯承说：“那些欺压彝民的汉人，也是红军的敌人。我们结义是为了反对共同的敌人。”他们当即在海子边并排跪下，对天盟誓饮鸡血酒。因为没有带酒，即从海子里舀清水代替。次日，红军先遣队在小叶丹的陪同下向彝区进发，沿途没有受到阻拦，直达安顺场，为抢渡大渡河、飞夺泸定桥赢得了宝贵的时间，粉碎了蒋介石企图使红军重蹈石达开覆辙的美梦，对保证长征的胜利起到了关键作用。之后，小叶丹派其弟弟等人来回护送红军主力，这样红军顺利地通过了彝区。

第一章 1 学生礼仪

顾名思义，学生礼仪是学生应该遵循的礼仪规范，它要求学生尊敬师长、团结同学、礼貌待人、文明处事。学好学生礼仪，能够帮助学生建立起学习与生活、自己与他人、个人与集体的和谐关系，逐步培养和提高自己与他人友好交往、和睦相处的能力，为将来走向社会创造条件。

第一节　学生交往礼仪

一、与教师交往礼仪

对学生而言，校园中最重要的礼仪，当数师生之礼了。尊师重教自古以来就是中华民族的传统美德，“善之本在教，教之本在师”。教师是科学知识、伦理道德、价值观念的传授者，在社会上承担着“传道、授业、解惑”的职责，被喻为“辛勤的园丁”，理应受到学生的尊重。

1. 尊师重教礼仪

1）问候教师。学生见到教师，不管是否给自己教过课，都要主动向教师问候和行礼。早上见到教师应主动说：“老师早！”、日常见面应说：“老师好！”、离校时说：“老师再见！”。一般情况下，向教师打招呼时要停步、立正，眼睛看着教师。问好时要与教师保持一至两米的距离，不能边走边说，更不能边跑边说。

2）服务教师。课前，学生应主动帮助教师拿教具、擦黑板、打开水；课后，应帮助教师送教具、收发作业、整理实验室、抄写资料等。

3）礼让教师。如果在电梯口、楼道上、房门前等环境狭窄处与教师相遇时，学生应主动礼让教师，侧身让教师先行。如果与教师一起外出乘坐交通工具时，学生应照顾教师，请教师先上；遇到年纪大的教师，应主动搀扶；有空位时，请教师先坐。

2. 与教师交谈礼仪

1）请教师入座。师生交谈时，学生应主动请教师坐下，若教师不坐，学生应站着与教师交谈。如果教师入座并请学生坐下时，学生方可坐着与教师交谈。

2）洗耳恭听。学生无论是站着还是坐着，都应姿势端正，双目凝视教师，倾听教师讲话。教师讲话时，学生不可东张西望、抓头摸耳、抖腿搁脚。

3）诚恳请教。学生对教师讲话，语气要温和，语调要平稳，不要指手画脚。如果教师说的话学生不理解，或难以接受，或有不同看法时，学生不必隐瞒，应谦虚而诚恳地向教师请教，直到弄明白为止。

3. 进入办公室礼仪

走进办公室之前，学生要注意自己的仪表、仪态及着装。事先想好要找的教师的姓名和要办的事。学生进入办公室的礼仪主要表现在：

1）进门前，要轻轻敲门或喊“报告”，不管门是否开着，都需征得教师同意后方可入内。

2）进入办公室要先向在场的教师问好，未经教师邀请不可随意坐下，而应站着聆听教师讲话。

3）与教师谈话或汇报工作时，要直截了当、简洁明快，忌停留过久。

4）谈话结束时，要向教师表示谢意，并为自己的打搅致歉。若是坐着，应先起立把凳子放回原处，再向教师道谢；若教师起立目送，应请教师坐下；若教师举步相送，应请教师留步。

5）如果要找的教师不在，应礼貌地询问一下办公室的其他教师，可根据情况说明自己的姓名和所在班级，有什么事，何时再联系等，离开时道声谢。

切不要出现这样不礼貌的行为：一是贸然推门进入办公室，或站在门口探头探脑环视办公室，当发现要找的教师不在时，便扭头（缩头）就走；二是用学科名代替称谓询问办公室里的其他教师，如：“我们的语文老师来了吗？”，让人不清楚具体找谁；三是乱翻乱摸办公桌上的材料和物品，或私自动用电话等办公设备。

注意：不宜对教师直呼其名，应在姓氏或名字后面加上“老师”二字。严师出高徒，不应由于受到教师的批评或考试不及格等原因而对教师怀恨在心、无理取闹，甚至在背后败坏教师的名声等。也不应对自己不喜欢的教师，或自己不适应其授课方式的教师说长道短。更不应为了达到当班干部，或调到自己想去的班级，或评“三好学生”，或使考试及格等目的而向教师行贿。不应打听、传播教师的个人生活和私事，不应忘记师恩。

✪ 长见识 1-1

伟人敬师的故事

1. 毛泽东向老师敬酒

1959 年 6 月 25 日，毛泽东同志来到阔别 32 年的故乡韶山，他特意邀请自己在私塾读书时的老师毛禹珠一起用饭，席间热情为老师敬酒。毛禹珠不胜荣幸，感慨地说："主席敬酒，岂敢岂敢！"毛主席却笑盈盈地回答："敬老尊贤，应该应该！"

2．周恩来不忘师恩

1952年2月，南开大学老校长张伯苓突患脑血栓逝世，周总理参加了治丧委员会并送了花圈，挽联上写着："张伯苓老师千古，学生周恩来敬挽。"张伯苓病故后，周恩来一直惦记着张家的生活，三年困难时期，周恩来把自己的购物证送给张伯苓夫人，还派人给张夫人送去500元，并嘱咐交际处对张夫人及其子女的生活要倍加关照。

3．朱德给老师让座

1959年，朱德同志在云南政治学校礼堂看戏，开演前，一位年逾古稀的老人由服务员引了进来，朱德一眼便认出，那位老人是自己早年在云南陆军讲武堂学习时的教官叶成林，急忙起身向前，立正敬礼，礼毕又紧紧握住老人的双手将座位让给老人，待老人坐定后，他自己才坐下。

4．彭德怀穿便服见老师

1957年8月1日，是中国人民解放军建军30周年纪念日，这一天，彭德怀元帅身穿便服，准备接见北京市部分中小学教师代表。工作人员提醒他说："彭总，您是国防部长，应该着军服才好。"彭总说："今天是去见老师，学生见老师应该穿便服。"接见的时候，彭总穿着便服，频频向老师问好。

二、与同学交往礼仪

1．一般交往礼仪

同学之间相处，不论自己与对方具体关系如何，均应对其表现出应有的尊重，并且以礼相待、以诚相待、与人为善。

1）善于接触。积极主动与同学接触是学生应有的礼貌，也是学生应有的基本素质。性格内向的学生，更要自觉尝试与同学接触，逐步培养自己在这方面的能力。与同学接触时，要谦虚随和，不要逢迎不迭、随声附和。那种故步自封、狂傲自满、拒人千里之外的心态，应该摈弃。

2）善于团结。接触同学的目的是为了团结同学。俗话说，"团结就是力量"，其实团结也是"温暖"和"阳光"，既是对他人的尊重也是他人对自己的认可。因此，同学间要共同进步、理解宽容，不要无事生非、心胸狭隘、语言粗俗、嫉妒和猜疑，不要打听隐私和揭人短处。

3）善于交往。要注重同学间的思想交流和感情上的友谊，不要有过多的物质上的往来，要崇尚节俭，避免给家庭造成过重的经济负担。去同学家拜访时，要事先征得双方家长的同意。到了同学家要礼貌地称呼其家人，对其父母应称“伯父”、“伯母”、“叔叔”、“阿姨”，对于同学的其他亲属，可以随同学的称呼而称呼。在同学家做客，不能乱翻东西。在当地做客，尽量不要在同学家就餐或留宿；在异地做客，也不要停留时间过长，以免给对方添麻烦，干扰对方正常生活。

2. 异性交往礼仪

1）和谐相处。男女同学交往时，应该坦然、大方，不必顾虑重重、躲躲闪闪。男生比女生力气大，在体力劳动等方面，应主动帮助和照顾女生。

2）有别相处。异性之间的交往应保持一定的距离。异性串门，要事先预约，时间上要避开洗澡、午休和夜间就寝。进门前应敲门，经允许，方可入内。男生不要与女生凑得太近，或用手随意触碰。

3）礼貌相处。异性之间要注意举止得体、彬彬有礼、文雅大方，不要过于随便或粗俗。男生在背后议论女生、贬低对方，或给女生的长相、身材、性格打分都是不礼貌的行为，这极易伤害女生的自尊心，从而妨害异性同学之间的友谊。

4）妥善相处。学生时代不宜早恋，但在拒绝同学的追求时，采取的措施要文明、有分寸，不可讥笑对方，更不可公开异性的求爱信，伤害对方的自尊心。

第二节　校园场所礼仪

校园场所是指学生在学校里人数较多或经常集中的空间，如会场、课堂、实验室、自习室、楼道、图书馆、宿舍和食堂等。而校园场所礼仪，是指学生在校园场所应遵循的礼仪规范。

一、升旗礼仪

国旗是国家的象征，升国旗是对青少年爱国主义教育的一种方式。无论中小学还是大学，都要定期举行升国旗的仪式。升旗时，全体学生应列队整齐排列，面向国旗，肃立致敬。当升国旗，奏国歌时，要立正、脱帽、行注目礼，直至升旗完毕。举行升旗仪式，是严肃、庄重的爱国主义教育，一定要保持安静，切忌自由活动，嘻嘻哈哈或东张西望。神态要庄严，当五星红旗冉冉升起时，所有在场的人都应抬头注视。

二、课堂礼仪

课堂是教师向学生传授知识与技能的场所。讲究课堂礼仪，有利于增进教师与学生之间的沟通，有利于提高教学的效率与质量。

1．上课不迟到

按时到教室上课是学生起码的礼仪，是学生组织性、纪律性的表现，是学生应有的素质。如遇特殊情况而迟到，学生应该注意进入教室的礼节：

1）喊“报告”或轻轻敲门，得到教师的允许方可进入教室。

2）诚恳地向教师说明迟到的原因，得到教师谅解和允许，方可入座。

3）入座时不要影响课堂气氛，速度要快，脚步要轻，动作幅度要小，不能有滑稽的举止。

2．做好课前准备

课前准备是上课的重要环节，也是学生应有的礼节。如果教师来到课堂后，值日生才去擦黑板、在座的学生才拿出学习用具，这不仅耽误上课时间，也是不礼貌的行为。因此，课前学生应有的礼节是：

1）值日生把黑板和讲台擦干净，粉笔、板擦等教学用具放在讲台桌面的右侧。

2）学生提前两分钟进入教室，把教科书、笔记本和文具放在课桌上，端坐恭候教师的到来。

3）照顾好视力差的同学，不要与这些同学争抢前排座位。

3．遵守课堂纪律

课堂纪律（见图 1-1）是学生上好每一堂课的保障，遵守课堂纪律是学生在课堂上应有的礼节。违背课堂纪律既影响教师讲课，又影响其他同学听课，是不尊重他人工作和学习的行为。遵守课堂纪律的礼节有：

图 1-1　课堂上同学们认真听老师讲课

1）认真听讲，不要心不在焉、打哈欠，甚至趴在桌上睡觉。

2）举手发言，不要未经教师同意就随便讲话，更不能与同学说悄悄话。允许发言的学生，要目光正视教师，表情大方，声音清晰。

3）尊敬教师，教师并非完人，讲课时出现口误或知识上的某些差错属于正常，当学生发现这方面的问题后不要立刻指出使教师难堪，更不应成为日后的笑柄，应在课后与教师交流，纠正差错。

有这样一个故事：一位教师讲课说："竹竿都是圆的。"有位同学在一张纸上写道："多数竹竿是圆的，但也有方竹和扁竹。"下课后这位学生把纸条给了教师，教师后来在课堂上纠正了自己的错误并表扬了这位学生。

4）善始善终，不要在下课前收拾学习用具，只有教师宣布下课，学生才能收拾自己的学习用具，否则对教师是不礼貌的。下课后，走到教师身边的学生应向教师道别："老师再见。"如果有教具，学生应主动把教具送回办公室。

三、实验室礼仪

实验课是在教师的指导下学生将所学知识运用到对实验设备的操作中，以培养学生实际动手能力的过程。由于实验室里的设备精密贵重，加之实验室内有水、电和各类实验用具、用品等，操作不当容易发生各类事故。因此，上实验课时师生往往存在不同心理：一是学生对实验的好奇心，二是教师对实验危险性的担心。要想使学生的操作不让教师担心，则学生必须认真学好实验室礼仪。其实，学生的实验室礼仪可用一个"心"字来概括，具体内容有以下几点。

1．对实验的要求要用心记

在操作实验设备之前，教师要向学生讲实验中应注意的事项和操作实验设备的步骤，学生要严肃认真地听，记住操作要点，掌握操作程序，听从统一安排，不得违反纪律。

2．对实验的步骤要精心做

要取得实验的成功，步骤细节至关重要，因此在实验的过程中应该自始至终按着步骤精心去做，对每一个细节不可漫不经心和有半点马虎，否则实验就要失败，甚至导致严重后果。一旦损坏仪器设备或出现险情，应及时向教师报告，不得相互推诿，以便立即处理，如有伤者要立即救治。

3．对实验的难题要虚心问

做实验时，如果遇到这样或那样的问题，应举手问教师，不要自作聪明，擅自处理。如果此时教师在指导其他学生操作，应耐心排队等候，不要大嚷大叫，表达出不耐烦、不认真、不满情绪。同学间在操作中出现分歧不得随意换组，或不听指挥，到处乱窜，大声喧哗，也不得因实验操作有困难而拒绝操作，停止实验，应随时随地和教师取得联系，争取圆满完成实验项目。

4. 对实验的结果要耐心等

实验不同于理论。理论用语言能够很快把事物的演变过程表达完毕，而实验却需要一个步骤、一个步骤地动手去做，有时还需要花费时间等待事物发生变化，因此对于实验结果的出现，学生要有等待的耐心，不要操之过急，因为由此产生的任何粗心大意，都会使实验半途而废。

5. 对实验室的隐患要细心查

由于实验室内存在着各种危险性因素，因此，每次上完实验课，学生要按规定自觉检查各类开关是否关闭、清扫实验室、处理废弃物、整理实验仪器等，这些工作完成并经教师检查合格后，学生方可排队离开实验室。

四、自习室礼仪

自习室是“无声的课堂”，其礼仪的作用是维护室内安静的学习氛围，这是学生自习的保证。自习虽无教师授课却是课堂教学的延续，任何与学习不相干的事情都不应在自习室里出现。

1. 保持室内安静

在自习室里与他人说话、打闹、玩扑克等都是与自习室学习环境格格不入的失礼行为。进入自习室无论是先来的还是后到的，动作都应特别轻，相识的同学见面彼此可以点头或挥手示意，言语的问候是不合时宜的。即便在楼道内也要轻手轻脚、低声细语，不能追逐打闹、高声喧哗。

2. 不要随意走动

自习期间尽量不走动。如有急事需要出入时，应向起立让路的同学表示歉意，行走、开关门等动作都要轻，尽量避免发出响声。

3. 有问题过后谈

有不明白的问题需要与其他同学商量或请教时，请下自习课后再去讨论研究。因为自习期间，每名学生都会遇到这样或那样的问题，如果随便交谈，自习室就会失去安静，大家相互影响将无法自习。

4. 爱护室内桌椅

自习室里的桌椅是学生自习必备的设备，如果任意损坏，将会导致财产损失和一部分学生无法正常自习的后果。也不要在桌椅上乱刻乱画，所谓“课桌文学”是不文明的表现。

上自习时还要遵守学校教学楼的有关规定：一是不要在自习室内乱丢废弃物，保持室内卫生；二是要准时下自习课，不要拖延过久。

五、楼道礼仪

校园里的楼房不仅越建越多，而且越建越高。在校的学生无论是学习还是生活，进进出出都离不开楼道。因此，楼道礼仪已经成为维护校园秩序、确保学生安全和展示校风校纪的行为规范。

1．保持楼道安静

楼道周边的房间密集，在楼道拍球、跳绳、追跑、打闹和大声喧哗等都是不礼貌的行为，会严重影响他人上课、自习、工作和休息。

2．讲究楼道卫生

楼道是供人员进出房间和上下楼的公共场所，乱扔垃圾、随地吐痰、乱写乱画等不道德的行为，不仅破坏了环境美，而且不利于师生的身心健康。

3．注意楼梯安全

楼梯是上下楼的必经通道，上下课时此处存在的安全隐患最多。所以，上下楼梯时应靠右侧并按顺序缓行，人多时要相互礼让。千万不要拥挤和推搡，以免出现踩踏等危险事故。

六、图书馆礼仪

图书馆是学生课余时间自习、求知的场所，理应有一个清新、舒适、幽雅、整洁的学习和阅读环境。很多学生爱到图书馆学习，图的就是这份幽雅、宁静。既然大家怀着同样的心愿，那么在图书馆内学习的学生都要注意自己的言行，共同维护这方安宁。

1．衣着整洁，遵守秩序

去图书馆要穿着整洁，不能穿背心和拖鞋入内。进入图书馆时，不可争先恐后，要依次排队，按序入内。进入阅览室后，不要为自己的同伴占座，也不要去占暂时离开的同学的座。

2．保持安静和卫生

在图书馆要保持安静，阅读时不要发出声音。不能在图书馆内与人高声谈话，也不要将桌椅弄出声响，走路要轻。有些学生利用阅览室休息，打瞌睡，这是不雅的行为。要保持馆内卫生，不在图书馆内吃零食，不随地吐痰；离开时要把自己的座位清理干净，将座椅归到原位。

3．爱护图书

图书是公共读物，不能为了个人利益而损坏属于大家的图书。不要用沾着油污的手去翻书，以保持图书清洁。查阅图书目录时，不要将查阅卡翻乱、撕坏，也不应在卡上涂画；检索、翻阅图书要轻拿、轻放，阅览时不要往图书上画线、折角，更不能撕页。看书时需要哪一段文字，可以抄下来，也可经允许拿去复印，但绝不能撕下。读书人应像爱护自己的生命一样爱护图书，这应该是每个学生共有的心愿。另外，在阅览室阅读刊物时，应一本一本地阅读，不可同时占用几份刊物，阅读后要迅速将刊物放回原处，以便他人阅读，如图 1-2 所示。

图 1-2 图书馆内同学们查阅资料

4．对借阅的图书要妥善保管，按时归还

有的学生对借到的“热门书”，往往会产生占为己有的欲望，恋恋不舍，迟迟不还，这是缺乏社会公德的表现。正确的做法是，对借到的“热门书”应抓紧时间阅读，要想到其他同学也在等着看这本书，多为别人着想。

七、宿舍礼仪

集体宿舍是学生的一个基本生活单位，也是学生课余休息的重要场所。学生有一半以上的时间要在宿舍里度过。所以，宿舍是学生的“第一社会，第二家庭，第三课堂”，每位学生都有责任把第一社会的风气搞好，把第二家庭的生活过好，把第三课堂的课上好。

1．保持宿舍卫生

宿舍是大家共同生活的场所，创造一个整洁、美观、舒适和充满生活情趣的生活环境，需要大家来共同设计和保持。

✪ 长见识 1-2

一室不扫，何以扫天下

东汉时期，有个叫陈蕃的人，他年轻的时候很想干一番大事业，立志要“扫除天下”。可是，他从来不肯动手把自己家里的环境打扫干净。当时就有人批评他说：“一室不扫，何以扫天下。”陈蕃不愿做扫地这样的事，说明他的大志是不实在的。俗话说，千里之行始于足下。可见，陈蕃是一个大事做不来，小事不愿做的人。

一间学生宿舍里如果床铺乱糟糟、地上脏兮兮，就说明这些学生既缺乏劳动和卫生习惯，又不讲究精神文明。

对住校的学生来说，宿舍是他们的主要生活环境之一，它的面貌在一定程度上能体现和反映这些学生的文化修养和思想修养。所以，在寝室卫生方面应注意以下礼仪：

1）讲究个人卫生，培养良好的生活习惯。被褥要叠得整齐美观，衣服、鞋帽要整齐放好。换下的脏衣服、鞋袜要及时清洗和晾干，自己的其他物品要安放整齐。

2）自觉遵守值日制度，爱护公用物品。在每天值日和定期大扫除之后，还应共同做好保洁工作，以保证宿舍内没有杂物、纸屑、痰迹，门窗洁净，桌凳及公用物品摆放整齐。

3）不向窗外乱扔乱倒。宿舍窗外是宿舍的周边环境，乱扔乱倒不仅破坏了宿舍的周边卫生，而且对楼下行人的安全构成了威胁。

4）保持水房清洁。水房是学生用水之地，保持清洁有利于学生的身体健康。不要往水池里倾倒废物，剩饭剩菜要倒进泔水桶，以免堵塞下水道。下水道一旦堵塞，要主动进行处理，必要时通知楼长或修理工，不要置之不理。

5）保持厕所清洁。如厕时，大小便要入池。脏纸或卫生巾等应投入指定的垃圾篓，以免引起堵塞。便后要放水冲厕。

2．美化宿舍环境

宿舍可以分为两个部分加以美化，即室内公共部分和个人小天地。两部分的美化既要各具特色，又要协调一致。

公共部分一般以花卉、盆景、书画、牌匾、工艺品等装饰，该部分确定了寝室的基调。个人天地的美化是对该基调的丰富和深化，要突出个人的生活情趣，富于幻想和创造，不拘泥于统一的形式。个人小天地一般用图片、手工艺品、玩偶、小型字匾来美化。

个人小天地的美化要注意与整个宿舍的美化相协调，不要过于强调自己的个性，而破坏了整体的和谐美。

在做墙面装饰时，切忌张贴或悬挂不健康的海报、照片，应努力营造学生应有的奋发向上、多姿多彩的宿舍文化氛围。

宿舍的美化（见图 1-3）还应考虑季节的变化，夏天应注意清爽，冬天应充满暖意。例如，寒冬时节在案头放置一盆水仙，瓶中插上几枝腊梅，会给整个宿舍带来春天的气息。

图 1-3　美观大方的学生宿舍

3. 不影响别人休息

宿舍是学生休息的唯一场所。如果得不到良好的休息，学生就会无精打采，会影响到第二天的活动，更谈不上好好学习。因此在宿舍中，必须遵守共同制定的文明公约和作息时间，养成良好的生活习惯。

1）按时起床。现今校园里，总有一部分学生晚上不愿睡，早上不愿起，有的甚至旷操、旷课。校园里流传着一种“九三学社”的说法，指有些学生早晨睡到九点，下午则睡到三点，经常当“卧龙先生”。这样既影响自己的学习，也影响宿舍适时开窗通风换气。而另一部分学生起床太早，尤其是动作幅度比较大时，会使别人欲起不忍、欲睡不成，时间久了就会造成他人心中不悦，甚至影响同学之间的关系。因事偶尔需要早起床，应提前向室友打招呼，起床时要特别注意动作轻柔，尽量不要弄出大的声响，尽快离开宿舍，以免更多地影响他人睡眠。

2）准时归宿。只有准时归宿才能确保在熄灯前洗漱完毕，按时上床休息。无论是在自习室苦读，还是由于其他事情造成夜半归宿，干扰其他同学睡眠，都是非常不礼貌的。实在事出有因不得不推迟归宿，应该向舍友表示歉意，并努力把这种打扰减少到最低程度。

3）按时就寝。要在学校规定的，或宿舍约定的就寝时间之前上床睡觉。应及时关闭光源、声源，不要继续使用电脑，或开“卧谈会”，妨碍他人睡觉。

4）不打扰别人。当有人休息时，上下床动作要轻，拿东西声音要小，说话尽量耳语。

5）当与舍友同睡高低铺时，如果实在睡不着，应适当减少翻转次数，以免打扰上（或下）铺的同学休息。

6）控制电话铃。休息时间，手机应置振动状态，如有电话呼入，应到室外接听。如有宿舍固定电话，应由未睡者，或距离最近者，快速接听，避免吵醒所有的人。

4. 尊重个人隐私

生活在同一间宿舍，同学之间相互开放的程度很大，但不等于同学之间没有个人隐私和秘密。

1）不要随便使用同学的用具，不要翻看同学的笔记、书籍和物品，更不能将同学的东西据为己有。如有特殊情况需要借用，要事先打招呼，征得对方同意。东西用完要及时归还，若有损坏，照价赔偿。

2）不能翻看同学的日记，不能私拆、私藏同学信件。

3）不可打探同学的隐私。

4）当同学有亲友来访，谈论一些私事时，其他同学要适当回避。不要在一旁偷听，更不要插嘴询问。

5）某同学离校去处理个人私事，他人不该主动去打听，只要知道某同学向班主任或学校请过假即可。

5．注意语言文明

语言是心灵之窗，是一个人道德情操和知识水平的反映。古人云：“言，心声也；书，心面也。”校园中有这样一些学生，平时对自己的语言还多少有些约束，可一到宿舍，尤其是在“卧谈会”上，就无所顾忌，语言不文明的现象表现得非常明显。有的脏话不离嘴；有的语言粗俗野蛮，稍不满意就出口不逊，轻则讽刺挖苦，重则彼此辱骂；有的语言庸俗，乐道男女私事，给同学起外号、打分、开不健康的玩笑等。语言的粗野无聊，是与“学生”这个名称极不相称的。

学生住宿舍待人应恭谦有礼。早晨与同学、老师见面宜问一声“早晨好”，晚上就寝前可相互道声“晚安”。在宿舍里如能坚持使用文明礼貌、诙谐的语言，成员之间的关系必然和睦融洽，生活也会感到舒心、温暖。

6．以礼相待

中华民族素称“礼仪之邦”，彬彬有礼的风度历来备受人们的称誉，“以礼相待”是家喻户晓的格言。《礼记》中“有礼则安，无礼则危”的论断，深刻地揭示了“礼”的巨大社会作用。待人彬彬有礼，就能在人与人之间架起一座互相尊重和友爱的桥梁，使生活充满愉悦与和谐。相反，待人粗暴无礼，只能带来不满与怨恨。

1）要互相尊重。同宿舍的学生可能会来自不同地区，由于各自成长的环境、条件不同，造成性格、脾气、爱好及生活习惯也不同，同学之间应互相体谅，做到互相尊重、互相关心、和睦相处、以礼相待。

2）要互相关心。同学之间应亲如一家，在学业上互相帮助，在生活上互相照顾，在思想上互相鼓励。只有这样，才能心情舒畅，取得优异成绩。如有遇到困难的同学，大家应伸出友谊之手，给予帮助。如有取得好成绩的同学，大家应当为他高兴。另外，遇到同宿舍其他成员的友人来访时，应热情接待，不要表现出“事不关己，高高挂起”的态度。

3）多为对方着想。每位学生既要注意自己的行为，做到不妨碍他人，遵守宿舍的有关规定，又要多为对方着想。这通常表现在一些很细微的事情上，如自觉把位置较好的床铺让给更需要的其他同学；在宿舍里，听到敲门或叫门声，不可轻易说“请进”，特别是在夏季，容易引起宿舍其他穿着比较随意成员的不方便，造成双方尴尬。

4）要互相信任。丢失东西了，不要无依据地猜测，以免影响同学之间的关系。产生隔阂时，应主动交流，进行沟通，减少误会。

5）要互谅互让。每位学生都应严于律己，宽以待人。如因不小心妨碍了他人，首先应说声“对不起”，对方不应毫无反应，而应马上回敬“没关系”或一个微笑，定会让对方获得安慰。学会忍人所不能忍，容人所不能容，这不是吃亏，而是有涵养的表现。每位学生对自己有可能会干扰他人的个性习惯都要努力克制和改变，不可我行我素。

7. 学会集体生活

集体生活和在自己家生活不同，生活在宿舍要懂得集体生活的常识：

1）在使用水龙头、晾衣绳等公用设施时，应尽量礼让他人。在使用中要小心谨慎，不能故意损坏。

2）使用自来水要注意节约，用完后要拧紧水龙头。

3）节约用电，不偷电，不违章使用电器。

4）录音机等音源的音量，不要开得过大，休息时间应调到最小，如果可能最好使用耳机。

5）如厕时，若门已坏、虚掩着，不能确定里面是否有人的话，应先敲门，核实后再进入。

6）楼上的学生要把晾晒的衣物拧干，不要滴湿楼下晾晒的衣物。

7）不要过多地串门或在他人宿舍逗留过久，以免干扰他人正常的生活规律。在午休或晚上休息时，拜访异性同学，应把对方请出来，而不是直奔异性宿舍，以免给对方的舍友带来不便。

8）不在宿舍里从事商业性的营销。

9）尊重楼长和其他管理人员，配合他们的工作。

10）注意安全，离开宿舍时要及时关门、关窗，不要擅自将不认识的人或其他来访者带进宿舍，发现可疑情况及时汇报。对上门推销的人员，不要轻信，不要买盗版、走私物品。

八、食堂礼仪

学校食堂就餐人多、时间集中，工作人员往往比较繁忙。营造学校食堂的和谐就餐环境，就餐学生遵守食堂礼仪显得尤为必要。

1．讲究穿着和卫生

要穿着整齐，不要穿背心、拖鞋进入食堂。举止文雅，不可随地吐痰，不可向地面泼水、扔杂物。

2．维护就餐秩序

买饭时应遵守秩序、互相礼让，自觉按先后顺序排队，不应硬挤或插队，更不应打闹、起哄或做出其他不文明行为。敲柜台、餐具，或挥舞手臂，或不停地叫喊，或隔着柜台拉工作人员的衣袖、衣角等做法，都是失礼的。

由于学生多而食堂座位有限，应互相礼让，不要抢座占位。端饭走路时，要防止碰撞、烫伤同学。如有不慎，应互相谅解。有的同学因故买饭不方便，其他同学应主动帮助。

3．珍惜点餐时间

点餐人多时，应事先想好打算点什么，以及想点的饭菜卖完了的第二方案，不要等到了柜台前再慢慢考虑，耽误别人的时间。饭卡、饭票要拿在手里，不要等到该付账时，再在自己身上乱翻。

点餐后，要耐心等待，不要急声催促；与服务员讲话时要注意礼貌用语；待服务员送过饭菜时要说一声“谢谢”。

4．不浪费饭菜

进餐时应注意节约粮食。例如：馒头不小心掉在地上，应拣起，不要碍于面子而显得过于“大方”、“潇洒”，以致于一脚踢开，以显示自己多么“高贵”。所购买的饭菜，以吃饱为限，不要超量购买，以免吃不完造成浪费。剩余的残渣应倒入泔水桶，若使用的是食堂提供的餐具，还应分类放入指定的回收容器中。

5．讲究进餐形象

进餐时要文雅，切忌“狼吞虎咽”，这既不符合礼仪要求，也不利于健康。应闭嘴咀嚼，吃东西不要发出声响，喝汤时也不要吸啜汤汁，发出声音。如菜、汤太热，可等稍凉后再用，切勿用嘴吹。口内的鱼刺、骨头等不要直接外吐，最好用餐巾捂嘴，用手或筷子取出，包在餐巾纸内，更不能吐在地上或别人面前。不要对着餐桌打喷嚏或咳嗽，如有特殊情况实在忍不住，要把头转个方向，并用餐巾或手帕遮口，然后向临近的同学道声“对不起”。餐后不要不加控制地打饱嗝儿。需要剔牙时，要用手遮口。

6．尊重职工劳动

食堂工作人员的劳动直接关系到学生的健康，他们无论是白天黑夜还是酷暑严寒，都早起晚睡，常年如一日地工作在艰苦的环境中。所以，应尊重他们的劳动，珍惜他们的劳动成果，主动协助他们搞好食堂的工作，与他们友好相处，以礼相待。

吃饭时，如发现饭菜有质量问题或异物，可找有关管理人员有礼貌地说清楚，以帮助食堂改进工作，提高服务质量。不可感情冲动、大发脾气、失去理智、吵闹不休。如果一味坚持粗暴无理的态度，不但不利于问题的解决，而且，还会引起食堂工作人员的反感，甚至造成学生与食堂工作人员之间的关系恶化。

第三节　校园通信礼仪

一、手机礼仪

手机作为移动通信工具，已经普遍被学生所使用，为师生之间、同学之间、学生与家长之间、教师与家长之间进行广泛及时沟通提供了方便快捷的途径和手段，由此手机礼仪便成为学生行为规范的内容之一。

1. 保持联系畅通

要按时交费，以免有事时中断了老师、同学与自己的联系。如果手机换号，要尽早告知自己的班主任和主要的交往对象。在约定的联络时间内，不要随便关机。

2. 中断联系要道歉

因掉线、无电而有碍联络或暂停联络时，应及时说明情况，并向对方道歉。

3. 使用手机要注意场所

不要在教室、自习室、图书馆等地拨打或接听电话。此时，应将手机关闭或置于振动状态。如需拨打手机，应去室外；如有电话呼入，应闪断，方便时再回拨过去。

4. 编写短信要清楚明白

因故不方便通话，或节假日休假期间，可利用短信进行沟通、发送问候。短信要主题明确、言简意赅、没有歧义。发短信给不熟悉的人，一定要落款留名，让对方知道是谁发的。回复时，不要只发一两个字，惜字如金往往会给对方冷漠的感觉。不要传播黄色短信、政治短信。

二、网络礼仪

随着信息技术的发展和计算机应用的普及，人类新的生存空间——网络世界应运而生。作为在校学习的学生，已经融入了网络世界之中，利用网络学习、交流成为普遍现象，同时如何保障学生网上安全，已被提到学校教育和管理的日程上。因此，网络礼仪作为网络交往的行为规范，需要在学生中普及。

1. 网络礼仪的涵义

网络礼仪（Netiquette）是保障网络世界正常秩序和交往的基本行为规范。对此，国内外一些计算机网络组织，也为其用户制定了一系列相应的行为规则。

✪ 长见识 1-3

全国青少年网络文明公约

要善于网上学习，不浏览不良信息；
要诚实友好交流，不侮辱欺诈他人；
要增强自护意识，不随意约会网友；
要维护网络安全，不破坏网络秩序；
要有益身心健康，不沉溺虚拟时空。

✪ 长见识 1-4

美国计算机伦理学会制定的十条戒律

1）不用计算机伤害别人。
2）不干扰别人的计算机工作。
3）不窥探别人的文件。
4）不用计算机进行偷窃。
5）不用计算机作伪证。
6）不使用或复制没有付钱的软件。
7）未经许可不使用别人的计算机资源。
8）不盗用别人的智力成果。
9）应考虑所编程序的社会后果。
10）应以深思熟虑和慎重的方式使用计算机。

国外有些机构还明确规定了被禁止的网络违规行为。

✪ 长见识 1-5

美国南加利福尼亚大学指出六种网络不道德的行为

1）有意造成网络交通混乱或擅自闯入网络及其相连的系统。

2）商业性的或欺骗性的利用大学计算机资源。

3）偷窃资料或智力成果。

4）未经许可接近他人的文件。

5）在公共用户场合作出引起混乱或造成破坏的行为。

6）伪造电子函件信息。

2．网络礼仪的基本要求

1）熟悉网络知识。所谓网络，就是将多台计算机连接在一起，使各用户之间能够通过数据库、聊天室、电子邮件和其他方式进行便捷的沟通与交流。网络可分为广域网和局域网两大类：如互联网属于广域网，学校校园网则属于局域网。

2）记住人的存在。在网络世界漫游的时候，不要忘记网上还有许多朋友，其中有网络管理人员、网络维护者、网友、“黑客”等。因此，要控制上网时间，尊重其他网友。

3）网上网下行为一致。在现实生活中，绝大多数人都遵纪守法，注意用法律和道德标准规范自己的行为。同样，互联网上的道德和法律与现实生活中是相同的。因此，在网上交流时，也需要用法律和道德标准规范自己的行为。

4）入乡随俗。不同的网站、不同的论坛有不同的规则。在某个论坛能做的事情，在另一个论坛可能不宜做。例如，在聊天室畅所欲言和在一个新闻论坛发表意见是不同的。最好先观察后发言，以便了解论坛的气氛和可以接受的行为。

5）尊重他人的时间。别人为你寻找答案需要花费时间和资源。在你提出问题之前，应先花些时间进行搜索和研究。也许同样的问题以前曾提出过多次，现成的答案触手可及。

6）在网上留个好印象。由于网络交流的匿名性，因此文字成为网民相互之间印象的唯一判断。交流和沟通时，如果对某一方面不熟悉，可以先阅读相关资料。在发帖前应仔细检查语法和用词，尤其值得注意的是，不要使用脏话和挑衅的语言。

7）分享你的知识。除了回答别人提出的问题外，包括当你提出的问题得到较多的答复时，特别是通过电子邮件得到答复后，最好写份总结与大家分享。

8）平心静气地争论。争论是正常现象，但要注意以理服人，不要进行人身攻击。

9）尊重他人的隐私。电子邮件是隐私的一部分。如果你熟悉的某人用笔名上网，你未经本人同意便将他的真实姓名公开，则不是一种好的行为。再则，当你无意中看到了别人计算机上的邮件或秘密，更不应该“广播”。

10）不要滥用权力。作为管理员、版主，比其他用户享有更多权利，故应珍惜这些权利，而不要滥用特权。

11）宽容。当看到别人写错字或者提出一个低级问题时，最好不必介意。当然，也可用电子邮件的方式提出自己的建议。

思考与练习

1．上课应注意哪些礼节？
2．在宿舍应注意哪些礼节？
3．在自习室自习应注意哪些礼节？
4．就餐应注意哪些礼节？

模拟训练

1. 请分组模拟师生交谈礼仪。
2. 请分组模拟学生去办公室礼仪。

读一读，想一想

孔子的误会

孔子带领他的学生们周游列国，在去陈国和蔡国的路上被困，一连好几天没吃上一顿饭。孔子实在受不住，只好大白天躺下睡大觉，想以此来忘却饥饿。孔子的大弟子颜回见老师饿得很，心中十分忧伤，心想，老师上了年纪，怎能经得住这般折磨啊！再不想出办法，怕是要出危险了。颜回也没有什么好办法可想，只好去向人乞讨。这一次真是天不绝人。居然碰上一个好心肠的老婆婆，给了他一些白米。颜回高高兴兴地把米拿回来，急忙把米倒在锅里，砍柴生火，不一会儿，饭就熟了。孔子这时刚好醒来，突然闻到一股扑鼻的饭香，好生奇怪，便起来探看。刚一跨出房门，就看见颜回正从锅里抓了一把米饭往嘴里送，孔子又高兴又生气：高兴的是有饭吃了；生气的是，颜回竟然如此无礼，老师尚且未吃，他却自己先吃了起来。过了一会儿，颜回恭恭敬敬地端来一大碗香喷喷，热腾腾的白米饭，送到孔子面前，说“今日幸好遇到好心人赠米，现在饭做好了，先请老师进食。”不料孔子一下子站起身来，说：“刚才我在睡梦中见到去世的父亲，让我先用这碗白米饭祭奠他老人家。”颜回一把将那碗米饭夺了回去，连忙说：“不行！不行！这米饭不干净，不能用它来祭奠！”孔子故作不解地问道：“为何说它不干净呢”颜回答道：“刚才我煮饭时，不小心把一块炭灰掉到上面，我感到很为难，倒掉吧，太可惜了，但又不能把弄脏的饭给老师吃呀！后来，我把上面沾有炭灰的饭抓来吃了。这掉过炭灰的米饭怎能用来祭奠呢？”孔子听了颜回的话，才恍然大悟，消除了对颜回的误解，深感这个弟子是个贤德之人。

第二章 2 形象礼仪

个人形象是人际交往中给予对方的第一印象，因为人们往往通过能够展示个人形象的仪容、仪表、仪态来判断一个人的职业、性格、心理和素质，从而决定是否愿意与之交往。那么，我们如何才能打造出易于与他人交往，且能够给对方留下美好的第一印象呢？这正是本章所要讲的内容。

第一节 仪　　容

仪容即人的容貌，是由人的五官构成的面部长相。良好的仪容是个人文化素质的写照，也体现了对交往者的尊重。仪容美是自然美和修饰美的结合。自然美是先天的，无法选择，但仅有自然美还不够，还需要通过修饰更好地展现后天美，“三分长相，七分扮相”，说的就是此理。同时，个人修养的提高对改变人的容貌也起着重要的作用。研究表明，一个人心理健康、为人豁达、性格直爽、胸襟开阔，能使容貌保留年轻的活力美。

一、仪容的亮点——发型

“完美的形象——从头开始”。头发和发型反映着一个人的道德修养、审美水平、知识层次以及行为规范。人们可以通过一个人的发型判断出他的职业、身份、受教育程度、生活状况及卫生习惯，也可感受出他对工作、生活的态度。因此，要根据自己的形体、气质、身份选择适当的发型，充分展现自己美的风采。

1. 头发的护理

（1）洗发

洗发是保护与美化头皮头发的基本手段。经常清洗头发，不仅可以洁净头皮，而且有助于头发的正常生长。

✪ 长见识 2-1

正确的洗发方法

洗发前的梳理：洗发前先把头发理顺，再从里往外、从上往下梳，以便于去除头皮上坏死的细胞和附着的灰尘。

适当的水温：水温以感觉舒适为宜，一般为 37～40℃。洗发的水最好是软水，采用沐浴较好，若用盆池要多放些水，以便将头发全部浸入水中。

选择优良的洗发剂：要根据自己的发质选用洗发剂。不能用碱性强的肥皂和洗衣粉洗发，否则，会使头皮油脂大量丧失，以致头皮过于干燥，头发变黄、焦枯、易断。

正确的洗发方法：将头发用水浸湿至少半分钟，将洗发剂倒在手掌上搓出泡沫后，再均匀地涂在头发上，用手指指腹轻柔地顺着头发从发根至发梢，从前向后，反复梳理，注意不要用手指甲乱挠，否则会将头皮划破，使之发炎。约 3～5 分钟后即可用水冲净。然后将护发素用手指指腹从前向后涂到头发上，不可涂到头皮上，1 分钟后用水冲干净。最后用毛巾将湿发的水分吸干，不要用力搓发，最好自然干。

洗发的次数：多长时间洗一次发，取决于头皮的清洁度。一般情况下冬天 3～5 天洗 1 次，夏天要勤洗。但也不要天天洗，洗发过频会使大量皮脂被除掉，会削弱皮脂对头皮的保护功能，反而伤害头皮。

（2）护发

1）勤梳头。梳头是美发、护发的一个重要方法。梳头时，梳子在头皮上来回轻轻划过，可刺激头发神经末梢，这对于头发的生长、柔润和光泽是很有益处的。

2）保持头发清洁。洗发时，以选用洗发与护发分开的洗发液为好；洗时用十指按摩头皮，以促进血液循环，也有助于头发生长。

3）头发要常修剪。留短发，每月应修剪 1～2 次。留长发的女士应将枯黄、分叉的发梢剪掉，以保持头发的美观。

4）烫发、染发要审慎。烫发应把握好分寸，否则会损伤头发，影响自己的形象。染发应根据自身年龄及所从事的工作特点慎重选择。

2．发型的选择

发型对一个人的整体形象塑造有重要的作用，要根据年龄、性别、职业、性格、爱好和脸型特点选择发型。只求化妆，而忽略发型式样与妆容的结合，是不能恰到好处地体现整体和谐之美的。

（1）发型与头发类型要相配

1）细软发质的发型。发质细软的人，头发总是十分服帖地贴在头部，缺乏丰盈感。所以，这种发质的人千万不要留平直的发型，不然会显得老成而没有朝气。头发不宜留太长，太长很容易纠结，不易梳理，也不容易定型。如果留刘海，最好采用斜外卷式，这样向外翻卷的发尾既轻盈又活泼，能增强立体感。

2）粗硬发质的发型。头发粗硬就不太服帖，如果留发太短，容易蓬松开来，极难约束。这种发质的头发可以留不到肩的短发型和超过肩的长发型，这样就避免了前面谈到的两种弊病。如果将发梢稍向内卷，则可有轻重之感，我们在电视上看到一些护发用品广告中，动静有致的秀发大部分都属于这种发质。

3）头发稀疏的发型。头发稀疏的人，千万不要选择长发型，长发型会使头发显得更少。可以选择有蓬松感的、可以增加头发动感的大波浪型，吹风时尽量将发根竖起来，使头发显出弹性而产生立体感。

4）头发稠密的发型。头发稠密的人，发质又粗又硬，可以参考前面的方法。如果发质适中，就必须根据脸型、身材来考虑。但是切记一点，发型不要做得太花，应尽可能简单一些，或者干脆留成长发，梳成一根独辫也别有一番情趣。

（2）发型与脸型要协调

1）鹅蛋脸型。这种脸型给人以端庄娴静、柔和的感觉，无论梳理任何发型都适合。但更适合采用中分的发型，这种发型会增添端庄的美感，但是梳理的时候要注意线条的柔和自然，完全不必刻意梳理。

2）圆脸型（见图 2-1）。这种脸型要避免将头发全部往后梳的“后掠式”和将头发烫成齐耳的“内卷式”，这两种发型会使圆脸显得更圆。可采用轻柔的大波浪，将头发分层削剪，即眼睛以上尽量不削，做成自然的大波纹，眼睛以下层层削薄，头路宜用侧分，以减弱圆脸的偏中特征。同时，刘海及重坠的前发不大适合这一脸型。

图 2-1　圆脸型与发型

3）长脸型（见图 2-2）。这种脸型要避免头顶的头发吹得太高，更不能梳成旁立的发髻，这样会使脸型显得更长。可以梳理一些松散的发型，前发下垂而略厚，形成自己喜欢的刘海；同时增加面部两旁的发容量，使脸部显得宽一些。

图 2-2　长脸型与发型

4）三角脸型。这种脸型由于左右下颚骨的间距太宽，显得前额狭窄。在做发型时，要注意前部的头发向后梳时，不论中分还是侧分发线，都要左右两侧展开，以表现额部的宽阔感；同时，在发型的下端应尽量运用发型将颚部遮盖一些，注意颧骨两侧的头发要向外蓬，后脑的头发也要做得蓬松，使其有丰满感。

5）倒三角脸型（见图 2-3）。这种脸型的特征是上宽下窄，即上颚宽阔下颚尖窄；如果上下比例不十分过分的话，这种脸型还是比较理想的。这种脸型的人不宜留超短发，而且顶部的头发不宜吹得过高。最好让头发紧贴头顶和太阳穴部分，这样可以减少额角和颧骨的宽度。

图 2-3　倒三角脸型与发型

6）方脸型（见图 2-4）。方脸的人要尽量用发型缩小脸部的宽度。首先头顶部的头发可以梳得蓬松些，刘海要往两侧太阳穴梳，以掩盖方额角。留短发至下巴，用两边垂发遮挡部分舒展的下颚。同时，两旁的头发不要有太大的变化，使头发形态显得清秀一些。

图 2-4　方脸型与发型

（3）发型与体型

发型的选择会对体型的整体美产生影响。比如，脖颈粗短的人，适宜选择高而短的发型；脖颈细长者，宜选择齐颈搭肩、舒展或外翘的发型；体型瘦高的人，适宜留长发；体型矮胖者，适宜选择有层次的短发。

（4）发型与年龄、职业

发型是一个人文化修养、社会地位、精神状态的集中反映。通常年长者最适宜的发型是大花型短发或盘发，给人温婉可亲的印象；而年轻人适合活泼、粗放、简单、富有青春活力的发型，给人以自然、清新、轻便的感觉。

（5）发型与服饰

头发为人体之冠，为体现服饰的整体美，发型必须根据服饰的变化而改变。

如穿着礼服或制服时，女性可选择盘发或短发，以显得端庄、秀丽、文雅；穿着轻便服装时，可选择适合自己脸型的轻盈发式。

（6）发型与时令

夏天应留凉爽、舒畅的短发，若留长发可梳辫或盘髻，这个季节头发不宜过长、过于蓬松；冬天衣服穿得厚，衣领高，留长发既美观又利于保暖；春秋季发型可长可短，比较随意。

（7）发型与工作环境

礼仪小姐发型设计应新颖、大方；职业妇女发型设计应文雅、庄重；参加晚宴或舞会，发型可以高雅、华丽。

二、仪容的重点——面容

面部是人最突出的部位，要使面部洁净、润泽、富有弹性，就要掌握皮肤保养和美容化妆的技巧和知识。

1．肌肤的基本护理

1）将洗面乳放在手上揉搓至奶油般细腻，让无数泡沫在肌肤上移动以吸取污垢。洗脸时应由内朝外不断画圈，使污垢浮上表面。

2）从皮脂分泌较多的 T 字区开始清洗。额头中心部皮脂特别发达，要仔细清洗。手指不要过分用力，轻轻地由内朝外画圆圈滑动清洗。

3）用指尖轻柔仔细地清洗皮脂腺分泌旺盛的鼻翼及鼻梁两侧，洗不干净将导致脱妆及肌肤出现油光。鼻子下方容易长青春痘，须仔细洗净多余的皮脂，用无名指轻轻画轮廓，既不会刺激肌肤又可完全去除污垢。

4）脖子部位、下巴底部、耳下等也要仔细洗净。

5）冲洗时用流水（水龙头不关）充分地去除泡沫。在较冷的季节，需使用温水，以免毛孔紧闭而影响了清洗效果。洗脸后将毛巾轻贴在脸颊上，用毛巾自然吸干水分。

2．面部营养的补充

通过卸妆及洗脸去除污垢后，需补充水分、油脂、角质层内的 NMF（天然保湿因子）等物质，使肌肤恢复原来的状态，化妆水和乳液可以发挥它们的功效。使用化妆水的方法是：

1）两指各夹一片沾满化妆水的化妆棉，按在整个脸上，使肌肤有冰凉感。每半边脸用一片化妆棉。首先，由脸中心朝外侧浸染，接着浸湿易流汗的 T 字区及鼻翼四周；其次，由下而上拍打整个脸部，直到肌肤觉得冰凉为止。眼部周围要集中浸染，唇部也要补充水分，眼睛四周及唇即使在白天也要用化妆水补充水分。

2）涂乳液，用手掌裹住脸部，让乳液渗入并去除黏腻感。

3）涂上面霜，制造保护膜，帮助皮肤继续保持湿润。

3．肌肤的特殊护理

按摩最大的效果是提高新陈代谢，加强血液循环。按摩的诀窍是手肘尽量伸展，手平行地朝内拉回，指尖不要太用力，手指横向移动，以防肌肤产生皱纹。手指由下到上、自内向外轻轻触摸，以逆时针方向做螺旋状动作。整个手掌推压皮肤，对深部皮肤施压，可加速血液流动，会产生很好的效果。

按摩的步骤是：

1）取出适量的按摩面霜，用手掌温热后迅速点在额、两颊、鼻、下巴等五部位。

2）以中指及无名指，两手同时从下巴朝脸颊处画螺旋状。

3）从额中心朝太阳穴画螺旋状，左右两边同时进行。基本上以双手的中指及无名指按摩。

4）鼻翼力量强些，做圆形运动，凹凸的细部仅用中指即可。

5）由下巴处朝左右脸侧分开，经过嘴唇边直达鼻子中央处。

6）左右中指与无名指交互使用，由鼻梁上端抚到鼻梁下端，鼻侧也用同样的方法。

7）上眼睑由眼端移向太阳穴，下眼睑由眼端接向眼尾，眼端及太阳穴轻压即可。

8）脖子朝下巴处轻抚。由于皱纹容易沿横方向出现，所以按摩方法是往上轻抚。

✪ 长见识 2-2

皮肤的生物钟与皮肤保养

皮肤也有其遵循的作息时间表。美容保养如果能与肌肤自然作息时刻相配合，就可以发挥它的最大功效。

晚 11 点至凌晨 5 点：这是细胞生长和修复的最旺盛时期，肌肤对护肤品的吸收力极强。应使用富含营养物质的滋润晚霜，使保养效果发挥到最佳水平。

早上 6 点至 7 点：肾上腺皮质素的分泌自凌晨 4 点开始加强，早晨的保养要应付一天中皮肤所承受的压力如灰尘、日晒等，要选择保护性强的防晒、保湿、滋润多效合一的日霜。对于晨起眼睛浮肿的人，可用能增强眼部循环、收紧眼袋的眼霜。

上午 8 点至 12 点：肌肤的机能动作处于高峰时间，可做面部及身体脱毛、祛斑脱痣及文眉、文眼线等美容项目。

下午 1 点至 3 点：血压及荷尔蒙分泌降低，皮肤易出现细小皱纹，肌肤对含高效物质的化妆品吸收力特别弱。这时若想使肌肤看起来有生气，可额外用些精华素、紧肤面膜等。

下午 4 点至 8 点：随着微循环的增强，血液中含氧量提高，心肺功能特佳，胰腺此时十分活跃，能充分吸收营养。这段时间最适宜职业女性到美容院保养。还可根据爱好进行健身，如健身舞、踏板操等，以加强皮肤对美容品的吸收。

晚上 8 点至 11 点：微血管抵抗力衰弱，血压下降，身体易水肿、流血及发炎，最易出现过敏反应，所以不适宜美容护理。

4．美容化妆的礼节

1）化妆的浓淡要根据不同的时间和场合来选择。要区别对待白天和晚上、一般场合和特殊场合以及不同季节的化妆，不要一成不变。

2）不宜当众化妆。在公共场所众目睽睽之下修饰面容是没有教养的失礼行为，这样做会给人以轻浮的感觉，影响个人形象。如果需要补妆，应该避开众人，到化妆间、洗手间或其他地方进行。

3）不要借用别人的化妆品。借用别人的化妆品既不卫生，也不礼貌。

4）男士化妆要体现男子汉阳刚之气。切不可搞得油头粉面、花里胡哨。

5．公关人员的几种化妆类型

1）工作妆。工作妆为淡妆，适合日常办理公务的场合。化妆要领是：粉底颜色要接近肤色，薄施于整个脸部。眼影颜色要简洁明快，1～2 种即可，看起来淡雅清爽；眼线可细一些、轻一些。腮红淡在似有似无中，犹如脸上的自然血色。口红接近自然唇色，不可太明艳。

2）晚宴妆。晚宴妆为浓妆，适合隆重正规的晚宴社交活动，与会人士郑重其事，穿着礼服。化妆要领是：粉底与皮肤的颜色相差不可太远，但要遮盖力强。两腮、鼻两侧处涂上咖啡色阴影；眉弓、颧骨、鼻梁、下巴处抹上些本白色，增加脸部立体效果。扑干粉定妆，扫掉多余粉粒。如果穿的是西式晚妆，露出的肩、胸、臂、背处要打上干粉，以免裸露皮肤与脸部肤色形成反差。把眉毛修剪整齐，描画理想眉型，用眉刷整理眉毛。眼影色可达 3 种，甚至更多。例：玫瑰红（整个眼睑，重在眼尾）、深蓝色（眼尾）、紫色（重在眼头、眉骨处）。眼线可画得略粗，用眼线液画能显得更明亮。睫毛用防水睫毛液多刷几遍。不宜用带蓝色成分的胭脂，在灯光下它会使面色显得衰老，要用艳丽色的胭脂。涂唇膏时，唇中间的颜色要较唇两边浅些，以增强嘴唇的立体感。

3）舞会妆。舞会妆为浓妆，适合于灯光柔和的舞会场合。化妆要领是：粉底用遮盖力强、保持持久的粉条。眉毛可以浓一些，用深咖啡色画。眼部化妆可略夸张一些，用色适当大胆些。比如：眼影用橙红色和紫罗兰，眼线用棕灰色。使用防水睫毛液。颊红用桃红色或罂粟红色，在冷色调的光照下会更加红亮。口红用桃红色或枣红色，最好用珠光色，以增加唇部的明艳亮丽。舞会妆应显得华艳炫目、热情奔放。此外，参加舞会时难免出汗，随身应带化妆盒，以用来补妆。

长见识 2-3

各种脸型化妆的技巧

椭圆脸型

椭圆脸是最理想的脸型，所以要尽量保持其完整。这一脸型的化妆要着重自然，不要有所掩饰。眉毛顺着眼睛修成正弧形，位置适中，不要过长，眉头与内眼角齐。嘴唇依自己的唇样涂成最自然的样子，除非自己嘴唇过大或过小。胭脂应涂在颊部颧骨的最高处，再向上向外揉化开去。正因为椭圆形脸是无须太多掩饰的，所以化妆时一定要找出脸部最动人、最美丽的部位，而后突出之，以免给人平平淡淡、毫无特点的印象。

圆脸型

这种脸型本身很惹人喜爱，要修改成理想的椭圆形并不困难。眉毛不可平直和起角，但亦不可太弯，应为自然的弧形和带少许的弯曲。胭脂涂法是从颧骨一直延伸到下颚部，必要时可利用暗色粉底做成阴影，然后在底色上扑上面霜，以免显露出明显的界痕来。嘴唇部分，上唇化成阔而浅的弓形，切勿涂成圆形小嘴。

长脸型

这种脸型应利用化妆来增加面部的宽阔感。眉毛位置不可太高而有角，眉尾不应高翘。胭脂抹在颧骨的最高处与太阳穴下方所构成的曲线部位，然后向上向外抹去，前端距鼻子要远些，嘴唇可稍微涂得厚一些。两颊下陷或窄小者，宜在该部位敷上淡色粉底做成光影，使其显得较为丰满。如果长脸型的人，要使脸型看上去略短一些，可在脸上虚设一条分割长方形的虚线，可以把眉毛压低一些，这就是利用线的切割原理，把长的东西切断，它就变短了。

方脸型

化妆时要注意增加柔和感，以掩饰脸上的方角。这种脸型的人，两边颧骨很突出，因此要设法加以掩饰。眉毛要稍阔而微弯，不可有角。胭脂不妨涂得丰满一些，可用暗色粉底来改变面部轮廓。

三角脸型

三角脸型即额部较窄而两腮大，显得上小下阔。此类脸型的化妆秘诀跟圆脸型、方脸型差不多。眉毛宜保持原状态。胭脂由眼尾外方向下抹涂，对于两腮可用较深的粉底来掩饰。嘴唇唇角稍向上翘。

倒三角脸型

倒三角脸型即人们所说的瓜子脸型、心形脸型，它的特点是上阔下尖。眉形应顺着眼睛的位置，不可向上倾斜。胭脂涂在颧骨最高处，然后向上向后化开，嘴唇要显得柔和。如果是下巴显得特别尖小的人，脸的下部便要用较淡的粉底，而过宽的前额宜用较深的粉底。

第二节 仪　表

仪表通常指人的外表，包括人的仪容、姿态、身材、体型、服饰、装饰等。正如莎士比亚所说："服饰往往可以表现人格。"因此，通过服饰折射出的礼仪修养，能更深层次地美化个人形象。在国外，一些政府机构和大公司对职员着装有着明文规定或约定俗成的约束，通过每个人的着装来体现组织的实力和权威及组织的品位追求。对于公关人员所代表的社会组织来说，公关人员的服饰关系到组织的形象。

✪ 长见识 2-4

自己的一顶帽子都戴不端正的人能平天下吗

我国元朝，有一个名叫胡石塘的文人进京赶考。此人满腹经纶、才超群儒，但有一个最大的缺点就是不修边幅，经常衣冠不整，别人提醒他，他也满不在乎。在元世祖忽必烈召见他时，他所戴的帽子还像平常一样歪斜着。元世祖就问他都学了些什么？胡生答道："修身、治国、平天下之学。"元世祖笑着说："自己的一顶帽子都戴不端正，还能平天下吗？"胡生汗颜。从此回家教书，第一课即教学生注重仪容仪表："衣贵洁，不贵华，冠必正，纽必结，袜必履，俱紧切。"

一、着装的原则

社交界对衣着穿戴非常敏感，尤其是与陌生人初次见面，人们往往会以貌取人，从衣着打扮上品评你的才能及人格。只有穿着打扮与环境相得益彰，才能展示出优雅、迷人的风度。要穿出成功的着装，就必须遵循服饰 TPO 原则：

T（Time）表示时间，即穿着要适时。不仅要考虑到时令变换、早晚温差，而且要注意时代要求。特别是随着社会的发展，人们的着装要求和观念也会发生一定的变化，一个时期有一个时期的流行趋势，从单一色彩到五彩斑斓。因此，着装时要考虑时代特点，尽量避免穿着与流行趋势格格不入的服装。

P（Place）表示场合，即穿着要因地制宜。比如上班场合一般应穿庄重的服装，如果穿休闲服装就不太得体，甚至会弄出笑话；如果穿着礼服去参加体育活动，那更不得体，也极不方便。

O（Object）表示着装目的，即穿着要适合自己。不要盲目追赶潮流，而要根据自己的工作性质、社交活动的个体要求、形象特点、气质、年龄等来选择服装，从而塑造出与自己身份、个性相协调的外表形象。

二、男士着装礼仪

1．西服着装礼仪

自 19 世纪末西服成为男性的日常礼服之后，它一直把男人塑造成一个符合传统审美观的“型”——肩部宽厚，胸肌鼓实，腰节扁平有力，臀部窄小圆隆，构成古典而令人骄傲的 V 形外观。现在男装在细节上打破传统西服的“型”，西服在突出男性曲线的前提下，更强调西服的舒适性。穿着西服应注意以下礼仪：

1）袖口的商标应取下。

2）衬衫袖口应露出 1cm 左右，衬衫衣领应高出西服衣领 0.5cm，以保护西服衣领，增添美感。

3）上衣小兜称“手巾袋”，只放折叠扁平的手帕，并浅露小边，除此不宜放其他东西，以保持绅士风度。

4）套装长裤的裤线需烫挺烫直。

5）穿着西服应配以合体的衬衫，衬衫的颜色应与西服颜色搭配和谐。在非正式场合穿着休闲西服配以颜色相宜的高档休闲衬衫或 T 恤衫，也能显出另一种风格。

6）西服纽扣有装饰功能，扣法大有讲究：双排西服纽扣在任何正式场合都应扣上，否则给人以轻浮不稳重之感。单排扣西服如有两粒扣子，扣顶端一颗；三粒扣的，扣顶端前两颗。当然，单排西服也可以不扣，衣襟敞开，也能给人以轻松、潇洒之感。

7）西服配套要讲究，要使西服、衬衫、领带、皮鞋、袜子和穿着方式相互协调。全身颜色应不超过三种，称为“三色原则”，穿黑蓝西服时不要穿白袜子。

8）俗云“西装革履”。穿西服一定要配皮鞋，同时要注意鞋子色彩及风格的统一。

2．领带礼仪

“领带是西服的灵魂”，正式场合穿着西服必须打领带。领带的色调应与西服、衬衫颜色和谐一致。领带的长度很重要，领带过长或太短，都是不雅的，适当的领带长度为领带的尖端恰好触及皮带扣，还可依据身高及打领带的方法进行调节。在领带较宽的末端背面夹上一个领带夹，将避免造成领带翻面的尴尬现象。领带搭配技巧的重中之重在于色彩及图案的搭配，适宜配西服的三种颜色是：蓝色系、灰色系和红色系。此外，以底色做主色，选择与西服同色系或对比色系搭配，衬衫应选择与图案相同的颜色。如蓝底白点的领带配白衬衫，西服则选与领带底色一致的蓝色。非正式场合可以不打领带，但应把衬衫领扣解开，以示休闲洒脱，避免给人忘记打领带的印象。

3．领带的打法

（1）双环结（见图 2-5）

- 一条质地细致的领带再搭配上双环结颇能营造时尚感。
- 适合年轻的上班族选用。
- 该领结完成的特色就是第一圈会稍露出于第二圈之外，可别刻意给盖住了。

（2）交叉结（见图 2-6）

- 这是对于单色素雅质料且较薄领带适合选用的领结。
- 对于喜欢展现流行感的男士不妨多加使用“交叉结”。

图 2-5　双环结系法

图 2-6　交叉结系法

（3）平结（见图 2-7）

- 平结为男士选用最多的领结打法之一。
- 几乎适用于各种材质的领带。
- 要诀：领结下方所形成的凹洞需让两边均匀且对称。

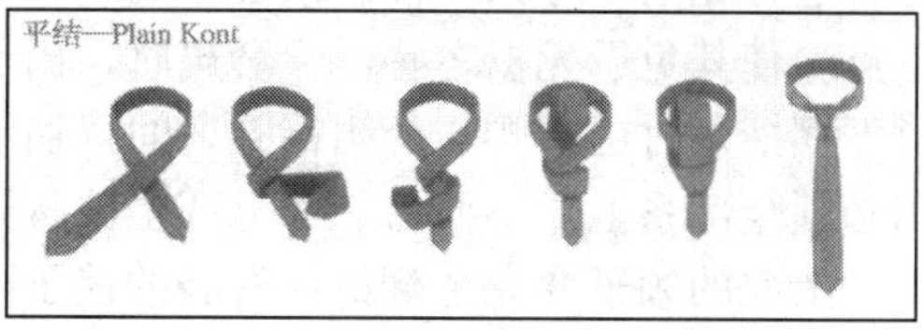

图 2-7　平结系法

4．男士不同场合的着装

1）正式场合的着装。出席正式场合——宴会、会见、招待会、婚丧礼、晚间的社交活动必须穿深色西服，衬衫要求穿白色，领带要求佩戴有规则花纹或图案的领带，颜色对比不宜太强烈，否则会失礼。

2）半正式场合的着装。半正式场合——上班、午宴、一般性访问、高级会议和白天举行的较隆重活动，可以穿中等色，浅色或较明亮的深色西服，衬衫可穿素净、文雅且与西服颜色协调的衬衫，领带要求配有规则花纹或图案的领带或是素雅的单色领带。

3）非正式场合的着装。在非正式场合——旅游、访友等，穿着可较为随意，可选择色调明朗轻快，或选择花型华美的西服；衬衫可任意选择，也可不穿衬衫，穿T恤衫；领带可自由搭配，但切忌使用鲜红或朱红色领带。

三、女士着装礼仪

1. 职业装礼仪

1）质地选择。面料选择：质地上乘、纯天然。要用不起皱、不起毛、不起球的匀称平整、柔软丰厚、悬垂挺括、手感较好的面料。穿前要烫平，穿后要挂好，做到上衣平整、裤线笔挺。上衣、裙子和背心等必须是用同种面料。

2）色彩。服装的色彩分三类：暖色调（红、橙、黄等）给人以温和、华贵的感觉；冷色调（紫、蓝、绿等）往往使人感到凉爽、恬静、安宁、友好；中间色（白、黑、灰等）给人以平和、稳重、可靠的感觉。套装应当以冷色调为主，借以体现出着装者的典雅、端庄与稳重，还须使之与正在风行一时的各种“流行色”保持一定距离，以示自己的传统与持重。一套套裙的全部色彩不要超过两种，不然就会显得杂乱无章。

3）尺寸。套裙的上衣不宜过长，最短可以齐腰。下裙不宜过短，裙子下摆恰好抵达着装者小腿肚子上的最丰满处，乃是最为标准、最为理想的裙长。服装必须合身，上衣或裙子均不可过于肥大或包身。上衣的袖长以恰恰盖住着装者的手腕为宜，而裤长至脚面为好。

4）穿着到位。女士在正式场合穿着应大方，款式要简练、高雅，线条自然流畅。绝对要避免穿着过分花哨、夸张、性感或暴露的款式；极端保守的式样，则应掌握如何配饰、点缀使其免于死板之感。穿套裙时，裙子要穿得端端正正，上下对齐。应将衬衫下摆掖入衬裙裙腰与套裙裙腰之间，切不可将其掖入衬裙裙腰之内。上衣的衣扣必须全部系上，不要将其部分或全部解开，更不要当着别人的面随便将上衣脱下。上衣的领子要完全翻好，有袋的盖子要拉出来盖住衣袋。不要将上衣披在身上，或者搭在身上。袜子要穿长到大腿的长筒袜，要么索性不穿袜，不能穿半长不短的丝袜。

5）妆饰。套裙上不宜添加过多的点缀。一般而言，以贴布、绣花、花边、金线、彩条、扣链、亮片、珍珠、皮革等加点缀或装饰的套裙，穿在白领女士的身上都不好。在穿套裙时，既不可以不化妆，也不可以化浓妆。不允许佩戴与个人身份无关的珠宝首饰，也不允许佩戴有可能过度张扬自己的耳环、手镯、脚链等首饰。

6）搭配。衬衫应轻薄柔软，色彩与外套和谐。内衣的轮廓最好不要从外面显露出来。衬裙应为白色或肉色，不宜有任何图案。裙腰不可高于套裙裙腰而暴露于外。与套裙配套的鞋子，宜为皮鞋，并以棕色或黑色牛皮鞋为上品。袜子不可随意乱穿，所穿的袜子，可以是尼龙丝袜或羊毛袜。千万不要将健美裤、九分裤等裤装当成袜子来穿。

✪ 长见识 2-5

不同体型的着装选择

上半身较长的人：在服装方面，应穿有垫肩的衣服，以高腰裤、短上衣搭配可以弥补不足。下半身宜穿鱼尾裙或长筒裙，脚穿中跟无带鞋。

臀部较大的人：主要选择下摆紧缩的衣服，用不贴身的面料，穿直筒形的衬衫或运动式长外衣，腰部不打褶或不收腰，或用宽松的长裤来掩饰，不宜穿着有大格子或大花的裙子。

身材矮小的人：为了能显出较高之感，应选用紧身衣裙或细长的筒裙或筒裤，这种人不适合穿各种长裙，但很适合穿迷你裙，应穿易于行走、鞋跟略高的鞋子。

身材偏胖的人：应穿着V字形或纵向开领的衣服。可穿深色服装或黑色与白色的纵条纹、黑色配白色水珠花样的衣服，再配合略微紧身的裤子或裙子即可。应穿鞋跟略粗大的鞋，但不宜选白色。

消瘦的人：最适合穿宽松型的服装。衣领部分宜采用花边或褶纹，使之具有丰满感，袖子也应有褶或采取肩袖宽而袖口窄的样式，以显出丰满感。

腿部粗大的人：大腿粗大的人适宜穿圆裙，以及裤脚肥大、宽松的垂裤等以掩饰粗胖的大腿，夏季时可穿下摆宽松的短裤，不宜穿过紧的裤子及不到膝盖的短裙、短裤，也不宜穿紧瘦的针织裙子。

2. 佩饰礼仪

（1）饰品佩戴的原则

1）点到为止。装饰物的佩戴不要太多，浑身上下珠光宝气，挂满饰物，让人感觉庸俗，没有丝毫美感。

2）显优藏拙。要通过佩戴装饰物突出自己的优点，掩盖缺点，如脖子短而粗的人，最好戴细长的项链，从视觉上把脖子拉长；个子矮的人，不宜系长围巾，否则会显得更矮小；短而粗的手指适宜戴窄戒指能使手指显得细长。

3）突出个性。佩戴饰品要突出自己的个性，不要别人戴什么，也跟着戴什么。别人戴着好看的东西，不一定适合自己。

4）恰到好处。上班佩戴首饰时，不要把自己打扮成花枝招展的模样和使用太夸张的饰品，以免显得轻浮、累赘。

5）巧妙搭配。如晚上去参加舞会或宴会，其装扮可采用光彩度较亮且柔和的饰品，并与服饰巧妙搭配，显现出自己稳重、端庄的气质。

（2）耳环的搭配

脸型是选择耳环的依据，耳环对脸型能起到一种平衡作用，佩戴不适当往往会事与愿违。

1）方脸。方型脸蛋的女孩适合佩戴直向长于横向的弧形设计的耳环，有助于增加脸部的长度，缓和脸部的角度，例如长椭圆形、弦月形、新叶形、单片花瓣形等，让它们的丽影成双地在脸颊旁闪耀珠宝动人的光芒。为了避免重复脸形，方形脸的人最好不要佩戴方形的耳环，或者三角形、五角形等棱角锐利形状的耳环。

2）长脸。长脸的女孩可佩戴形如圆形、方扇形横向设计的耳环，它们圆润方正、弧线优美的特色，能够巧妙地为自己增加脸的宽度、减少脸的长度；长脸的人比较适合佩戴具有“圆效果”的耳环，像传统的珍珠、宝石耳钉，紧紧地扣在耳朵上散发个人独特的魅力。

3）上尖下方型脸。上尖下方脸型的女孩应选择“下缘小于上缘”的耳环，才能达到平衡下颌宽度，创造柔美脸部线条的功效。若是佩戴有坠子的耳环，请特别注意坠子的长度，最好避免不长不短地结束在下颌，因为坠子长度结束的地方，刚好就是人们眼光停留的焦点。此外，角度十分明显的耳环，如三角形、六角形耳环应避免佩戴。

4）圆形脸。为了塑造出脸部长度增加、宽度减少的视觉效果，圆形脸的女孩，应选择如长方鞭形、水滴形等类耳环和坠子，它们能让你丰腴的脸部线条柔中带刚，添几许英挺之气。

5）瓜子脸。瓜子脸的下巴比较尖。适合佩戴“下缘大于上缘”的耳环，如水滴形、葫芦形以及角度不是非常锐利的三角形等，都可以增加瓜子脸美人下巴的分量，让脸部线条看起来比较圆润。

6）菱形脸。属此种脸形的人，最宜配的耳环，莫过于“下缘大于上缘”的形状了，如水滴形、栗子形等。而应避免佩戴菱形、心形、倒三角形等坠饰。

7）鹅蛋脸。鹅蛋脸的女孩佩戴适合自己脸部皮肤色调、脸形大小的耳环。

（3）项链的戴法

1）职业妇女应选择较精美细致的金项链或银项链，给人一种轻快明亮并上档次的感觉。

2）选择项链时，除注意项链质地是否与衣服的质地相配外，链长与衣服的领口和个人脸型也须考虑。

3）尖型脸或瓜子脸的女性，可选择较细、较短、秀气的项链，戴太长的项链会拉长脸型；尖型脸且瘦小的女性，不宜佩戴宽幅或线条粗犷的项链，否则易给人一种不协调感。方型脸或圆型脸的人，体态大多丰腴，宜选细长些的项链，使其与脸型协调。

（4）戒指的戴法

1）戒指是一种无声的语言，是一种信号或标志。

- 戴在食指上——想结婚，即表示求婚。
- 戴在中指上——已在恋爱中。

- 戴在无名指上——已订婚或结婚。
- 戴在小指上——表示独身。
- 大拇指一般不戴戒指。

这是一种风俗习惯，如不遵照也没有什么，只是容易发生误会。

2）年轻女性或少女戴的戒指，以整镶大块宝石为佳；中年女性可戴大块宝石或小碎宝石拼镶的戒指；不要一次戴两只戒指，短而粗的手指头不宜戴重而宽的戒指。

3）结婚戒指必须用纯金、白金或银制成，表示爱情是纯洁的，双方的姓名要刻在戒指上，因为这是永久性的纪念物。

4）手指细长的女性，可戴夸张造型的戒指；手指略显圆润的女性，最好戴细戒或配有一朵小花等图案的花戒，这样可以显得玲珑。

（5）香水

法国著名时装设计师夏奈尔曾这样评价香水："香水是服饰的最后搭配"。香水可以说是一种文化，是完成优雅形象塑造中画龙点睛的一笔。服装设计大师纪凡希说过："聪明的人会选择一种最适合她风格的香水。"各类香水的使用是很考究的，应切记一些基本原则：

- 味浓的香水适合在冬天和晚上使用。
- 清淡的香水适宜在夏天和白天使用。
- 香水要在清洁后使用，要尽可能与体味协调。
- 香水应在出门前半小时使用。
- 宜涂在动脉跳动处，如耳后动脉处、胸前、大腿弯、手腕内及侧腋下。
- 头发、鞋内侧忌用香水。

（6）手镯与手链的戴法

1）手镯一般戴在右手上。镶宝石的手镯应紧贴在手腕的上部，只有成对手镯才能同时戴在手腕上，如果是短粗胖的手型，不宜戴宽手镯。

2）戴手镯时不应同时戴手表。

3）一只手上只应戴一样饰物，手镯、手链、手表任选一样。

4）如果在左臂或左右两臂同时佩戴，表示已经结婚，如仅在右臂佩戴，则表示佩戴者是自由人。

✪ 长见识 2-6

服饰与首饰搭配新热点

每一个新潮女性在追求流行的同时，要巧妙地将饰品融入你营造的时装氛围，以独特的方法来体现个性和魅力。黄金首饰可以与红、白、黑任何一种颜色相融合。与红色系列组合形成热烈的氛围，是年轻、乐观女性之首选，特别在各种喜庆的场合被推崇。与黑色系列组合形成神秘、高贵的风格，为冷峻、傲慢女性所喜欢，通常在晚宴中出现，令人过目难忘。与白色系列组合形成纯洁之美感，是讲究简洁的上班女性最可能选中的。但不妨听点小建议：

- 耳环缝在帽檐上，成为这个都市里唯一的一个帽夹，引导流行。
- 把现有的戒指用皮绳串在颈上，成为搭配柔软毛衣的最佳饰品。
- 大街上丝巾千篇一律，你可找出一款具有造型装饰的戒指，用丝巾穿过，形成一款新丝巾。
- 在不穿西服的日子里，请把你的胸针夹在你盘起的头发上，一款难觅的发夹诞生了。
- 戴久了的项链、手链，不再有新鲜感的时候，请不妨试着将项链或手链缝在你的腰带上，或者将你的手链与项链随意套戴，再或者在你时装任何一处有缺口裁剪处挂上，组成一个较有新意的衣饰。

第三节 仪　态

仪态是指人在行为中身体呈现的各种形态，也就是指人的站、坐、走、蹲的规范。容貌美只属于那些幸运的人，而具有仪态美的人，往往是一些出色的人，因而仪态美更富有永久的魅力。

一、站姿

1. 正确站姿的要求与类型

头正，双目平视，嘴唇微闭，下颌微收，面部平和自然；躯干挺拔，收腹，挺胸，立腰，双肩放松下沉，身体有向上的感觉。

根据手臂放置的位置不同，可分为：前搭手式，即右手搭在左手上，自然贴在腹部（见图 2-8）；垂臂式，即双臂自然下垂于体侧，手指自然弯曲（见图 2-9）；后背手式，即两手背后相搭在臀部（见图 2-10）。这三种站姿男女都适用，要求两腿并拢，脚跟靠紧，脚掌分开呈“V”字形（见图 2-9）。

需要注意的是：在前搭手式中，也可右脚略向前靠在左脚上成丁字步，但只适于女士（见图 2-8）；在后背手式中，也可两腿分开，两脚平行，比肩宽略窄，多适于男士（见图 2-10）。

图 2-8

图 2-9

图 2-10

2．不良站姿

1）双手叉在腰间，或抱在胸前。

2）驼背、弓腰、眼睛斜视。

3）一肩高一肩低、双臂乱摆、双腿抖动。

4）将手插在裤兜里，或下意识地做小动作，如摆弄打火机、香烟盒，玩弄皮带、发辫、咬手指甲等。

3．交往时站姿的含义

不同的姿态具有不同的含义，了解这些，有利于把握交往的态势，揣度他人的心理，掌握交际的主动权。

1）别腿交叉而立：表示一种保留态度或轻微拒绝的意思，也是感到拘束和缺乏自信心的表示。

2）将双手插入口袋而立：具有不袒露心思、暗中策划、盘算的倾向，若同时配合有弯腰曲背的姿势，则是心情沮丧或苦恼的反映。

3）靠墙而立：有这种习惯的人多为失意者，通常比较坦白，容易接纳别人。

4）背手站立：多半是自信力很强的人，喜欢把握局势，控制一切。一个人若采用这种姿势立于别人面前，说明他怀有居高临下的心理。

5）双手放在臀部站立：有这种习惯的人多半是性急者，他们希望一切都不要拖延，凡事喜欢速战速决。

6）胸挺背直，双目平视而立：表现出充分的自信，并给人气宇轩昂、乐观开放的感觉。相反，弯腰曲背的人，精神上似处于劣势，表现出自我防卫、消沉、封闭的倾向。

7）双手叉腰，挺直而立：精神上处于优势的表现。他对面临的事物有着充分的心理准备，采取的是有信心迎接挑战的姿态。

8）两臂交叉而立：表明对他人的谈话采取的是审视或排斥的态度，女性还常以此作为习惯性的防范动作。

9）两人并肩站立：说明双方关系是和平、友好的；三人并肩站立：说明他们在受到同一种约束力的约束。

10）两人相对而立：如果距离很近，双方上身或头形成“A”字形，表明是不容第三者加入的亲密关系；如果距离平常，怒目而视，则互相威吓、口角甚至争吵往往是在这种情况下发生。

11）两人呈“八”字形站立：表明允许第三人加入他们的势力范围，从而构成一个三人的封闭圈。

12）三人呈“门”字形站立：表明可容纳第四人，以形成拒绝他人再进入的“栅栏”。

长见识 2-7

不同的站姿所反映的心理特征

心理学家测定得出：双腿并拢站立者，给人的印象是可靠、意识健全、脚踏实地而且忠厚老实，但表面有时显得有点冷漠；两腿分开尺余，脚尖略朝外偏的站姿，表现出站立者果断、任性、富有进取心，不装腔作势；双腿并拢站立，一脚稍后，两足平置地面，则体现出站立者有雄心，性格暴躁，是个积极进取、极富冒险精神的人；站立时一脚直立，另一脚则弯置其后，以脚尖触地，则说明站立者情绪非常不稳定，变化多端，喜欢不断的刺激与挑战。

站立姿势还有正面与侧面之分，相比较而言，正面姿态所反映的特征，是人们通过学习和对自身经验的总结、积累而形成的；侧面姿态，一般被认为是仍然保留着出生时的原始的姿态倾向和特征，表现出原始的感情和幼年、少年时期的心理活动以及与生活有关的心理倾向。如那种挺胸直背、身体后仰、膝盖绷直的侧面姿态，就是一种充满力量和紧张的姿态，暗示着站立者积极努力地适应现实的倾向。

二、坐姿

坐，作为一种举止，有着美与丑、优雅与粗俗之分。优美的坐姿让人觉得安详、舒适、端正、舒展大方。

1. 正确的坐姿

1）正襟危坐式（见图 2-11）。又称最基本的坐姿，适用于最正规的场合。要求：上身与大腿，大腿与小腿，小腿与地面，都应当成直角。双膝双脚完全并拢。

图 2-11 正襟危坐式坐姿

2）垂腿开膝式（见图 2-12）。多为男性所使用，也较为正规。要求，上身与大腿，大腿与小腿，皆成直角，小腿垂直地面。双膝分开，但不得超过肩宽。

图 2-12 垂腿开膝式坐姿

3）双腿叠放式（见图 2-13）。它造型极为优雅，有一种大方高贵之感，适合穿短裙子的女士采用。要求：将双腿完全地一上一下交叠在一起，交叠后的两腿之间没有任何缝隙，犹如一条直线。双腿斜放于左或右一侧，斜放后的腿部与地面呈 45° 夹角，叠放在上的脚尖垂向地面。

图 2-13 双腿叠放式坐姿

4）双腿斜放式（见图 2-14）。适合于穿裙子的女性在较低处就座时使用。要求：双膝先并拢，然后双脚向左或向右斜放，力求使斜放后的腿部与地面呈 45° 角。

5）双脚交叉式（见图 2-15）。它适用于各种场合，男女皆可选用。要求是：双膝先要并拢，然后双脚在踝部交叉。交叉后的双脚可以内收，也可以斜放，但不宜向前方远远直伸出去。

图 2-14　双腿斜放式坐姿

图 2-15　双脚交叉式坐姿

6）双脚内收式。适合一般场合采用，男女皆宜。要求：两大腿首先并拢，双膝略打开，两条小腿分开后向内侧屈回。

7）前伸后屈式（见图 2-16）。女性适用的一种优美的坐姿。要求，大腿并紧之后，向前伸出一条腿，并将另一条腿屈后，两脚脚掌着地，双脚前后要保持在同一条直线上。

图 2-16　前伸后屈式坐姿

8）坐在椅子上，应至少坐满椅子的 2/3，宽座沙发则至少坐 1/2。落座后至少 10 分钟左右的时间不要靠椅背。时间久了，可轻靠椅背。

2．不良的坐姿

1）与人交谈时，双腿不停地抖动甚至鞋跟离开脚跟在晃动。

2）坐姿不符合环境要求，如与职位高者、长者交谈时叠腿。

3）双脚搭到椅子、沙发、桌子上。

4）叠腿姿势成“4”字形。

5）坐下后脚尖相对，或双腿拉开成“八”字形，或将脚伸得很远。

长见识 2-8

不同坐姿所反映的心理特征

心理专家经测定认为：坐时跷起一条腿的人显示出他相当自信，但个性懒散，不好幻想，任何私人问题或烦恼都不能使之困扰，信心形之于外；坐时双腿并拢，双脚平放地上的人则表现出坦率、开放和诚实的特征，具有洁癖和守时的习惯，喜欢有规律的生活，按照时间表行事会觉得比较自在；坐时双腿前伸，双脚在踝部叉起，则反映出坐者希望成为中心人物，比较保守，凡事喜欢求稳；坐时一脚盘在另一脚下则显示出个性独特，凡事漠不关心，无责任感，喜欢受人注目，有创新力，作风不拘于传统；坐时两膝并拢，两脚分开约大半尺，则说明坐者对周围事物非常敏感，观察细致，深谙人情世故，能体贴别人，也能原谅别人，多愁善感；坐时双脚在膝部交叉，一脚勾在另一脚后，则显示出逗人喜爱，非常有人缘，个性好静，容易与别人相处，不善夸耀或虚饰的性格。心理学家还测出，坐下后摸嘴巴的人，往往情绪不安，猜疑心较重；摸膝者往往以为将有好事临身，自负之心颇高；摸下巴者，则是为某种事而烦恼；坐下来就不断抓头发的人，性子较急，喜欢速战速决，情意不一，容易见异思迁；坐下后喜欢由下而上摸额的人，能言善辩，说服力强，这种人往往比较狡诈。

三、走姿

1．正确的走姿（见图 2-17）

图 2-17　起步前与起步后的姿势

1）双目向前平视，微收下颌，面容平和自然，不左顾右盼，不回头张望，不盯住行人乱打量。

2）双肩平稳、肩峰稍后张，大臂带动小臂自然前后摆动，肩勿摇晃；前摆时，手不要超衣扣垂直线，肘关节微屈约 30°，掌心向内，勿甩小臂，后摆时勿甩手腕。

3）上身自然挺拔，头正、挺胸、收腹、立腰，重心稍向前倾。

4）注意步位。行走时，假设下方有条直线，男士两脚跟交替踩在直线上，脚跟先着地，然后迅速过渡到前脚掌，脚尖略向外，距离直线约 5cm。女式则应走一字步，即两腿交替迈步，两脚交替踏在直线上（一字步走姿）。

5）步幅适当。男性步幅（前后脚之间的距离）约 25cm，女性步幅约 20cm。或者说前脚的脚跟与后脚尖相距约为一脚长。步幅与服饰也有关，如女士穿裙装（特别是穿旗袍、西服裙、礼服和穿高跟鞋）时步幅应小些，穿长裤时步幅可大些。

6）注意步态。步态，即行走的基本态势。性别不同，行走的态势应有所区别。男性步伐矫健、稳重、刚毅、步伐频率每分钟约 100 步；女性步伐轻盈、玲珑、贤淑，步伐频率约每分钟 90 步。

7）注意步韵。跨出的步子应是全部脚掌着地，膝和脚腕不可过于僵直，应该富有弹性，膝盖要尽量绷直，双臂应自然轻松摆动，使步伐因有韵律节奏感而显优美柔韧。

8）行走时不可把手插进衣服口袋里，尤其不可插在裤袋里。

2．不良走姿

1）走路时肚子腆起，身体后仰，手臂左右式横着摆动。

2）走路时左右摇摆或摇头晃肩，脚迈大跨步，身子上下摆动，像鸭子一样。

3）脚尖出去方向不正，成明显的外八字脚或内八字脚。

4）走路时耷拉眼皮或低着头走。

5）穿礼服、裙子或旗袍时跨大步。

6）手臂、腿部僵直或身板僵硬，只摆小臂。

7）脚步拖泥带水，蹭着地走。

8）正式场合，手插在口袋、双臂相抱、倒背双手。

3．走姿的含义

一个人沮丧时，往往两手插在口袋中，拖着脚步，很少抬头注意过往的人，熟人好友擦肩而过全然不知。

一个人心事重重的时候，走起路来常会摆出一副若有所思的姿态，低着头，双手反握在身后，步伐很慢。

走路时双手叉腰的人，精力充沛，就像积蓄了能突然爆发的精力，想以最快的速度，充当事业上的短跑运动员，达到自己的目标。一个自满甚至傲慢的人，走路时可能下巴抬起，手臂夸张地摆动，步伐迟缓而执重，腿僵直，有意加深别人的印象。

长见识 2-9

不同走姿所反映的心理特征

心理学家史诺嘉丝发现：走路大步，步子有弹力及摆动手臂，显示一个人自信、快乐、友善及富有雄心；走路时拖着步子，步伐小或速度时快时慢则相反；喜欢支配别人的人，走路时倾向于脚向后踢高；性格冲动的人，像鸭子一样低头急走；而拖着脚走路的人，通常不快乐或内心苦闷；女性走路时手臂摆得高，则显示出她精力充沛和快乐。

四、蹲姿

日常生活中，人们捡拾地上或低处的物品时，习惯姿势是弯腰、翘臀，这种姿势是不合适的（见图 2-18），恰当地采用正确蹲姿，会给人留下美好的印象。

图 2-18 用不适的姿势取物

1. 正确的蹲姿

1）交叉式蹲姿（见图 2-19）。下蹲时，右（左）脚在前，左（右）脚在后，右（左）小腿垂直于地面，全脚着地，左（右）脚在后与右（左）腿交叉重叠，左（右）膝由后面伸向右（左）侧，左（右）脚跟抬挺，脚掌着地，两腿前后靠紧，合力支撑身体。臀部向下，上身稍前倾。

图 2-19 交叉式蹲姿

2）高低式蹲姿（见图 2-20）。下蹲时，左（右）脚在前，右（左）脚稍后（不重叠），两腿靠紧向下蹲。左（右）脚全脚着地，小腿基本垂直地面，右（左）脚脚跟提起，脚掌着地。右（左）膝低于左（右）膝，右（左）膝内侧靠于左（右）小腿内侧，形成左（右）膝高右（左）膝低的姿态，臀部向下，基本上以膝低的腿支撑身体。

图 2-20　高低式蹲姿

3）当要下蹲取物时，上体尽量保持正直，两腿合力支撑身体，靠紧向下蹲（见图 2-21）。

图 2-21　取物时的正确蹲姿

2．不良的蹲姿

1）下蹲时有弯腰、臀部向后撅起的动作。

2）两腿叉开平衡下蹲。

3）下蹲时露出内衣裤。

五、手姿

所谓手姿，是指人在站、坐、走、蹲等仪态中手臂应处的协调状态，依不同的仪态需要有不同的手姿与之配合，从而表现出相应的整体仪态形象。

1．基本的手姿

1）垂放。垂放，是最基本的手姿。其做法有二：一是双手自然下垂，掌心向内，叠放或相握于腹前；二是双手伸直下垂，掌心向内，分别贴放于大腿两侧。它多用于站立之时。

2）背手。背手，多见于站立、行走时，既可显示权威，又可镇定自己。其做法是双臂伸到身后，双手相握，同时昂首挺胸。

3）持物。持物，即用手拿东西。其做法多样，既可用一只手，又可用双手，但最关键的是，拿东西时应动作自然，五指并拢，用力均匀。不应翘起无名指与小指，显得成心作态。

2．不良手姿

1）不卫生的手姿。在他人面前搔头皮、掏耳朵、剜眼屎、抠鼻孔、剔牙齿、抓痒痒、摸脚丫等这样一些手姿，均极不卫生，令人恶心，自然是不当之举。

2）不稳重的手姿。在大庭广众之下，双手乱动、乱摸、乱举、乱扶、乱放，或是咬指尖、折衣角、抬胳膊、抱大腿、拢脑袋等手姿，都是不稳重的手姿。反复摆弄自己的手指，要么活动关节，要么捻响，要么攥着拳头，或是手指动来动去，往往会给人一种无聊的感觉，让人难以接受。

思考与练习

1. 怎样才能科学地洗发护发？
2. 着装的原则是什么？
3. 职业装的特点是什么？
4. 佩戴饰品的原则是什么？

模拟训练

1. 请同学们两人一组，根据对方的脸形和体态设计发型和着装。
2. 请同学们四人一组，演练仪态，掌握站姿、坐姿、走姿和蹲姿的基本要领。

读一读，想一想

美国前国务卿奥尔布赖特因其所坚持的强硬外交政策，加之她那犀利的谈吐和极富个性的长相被人称为鹰派女强人。在她担任美国驻联合国大使时，因波斯湾战争，她与伊拉克政府开始接触，就因为强硬的作风，被伊拉克人形容像一条蛇一样。一个月后，当她和伊拉克外长阿齐兹会面时，就是戴着一个蛇形的胸针，从此她的“胸针哲学”开始引人注意。当她和俄罗斯前总统叶利钦会面时，佩戴的是一个象征美国权势的老鹰别针；每次出使中东地区，她通常会戴着象征和平的金色鸽子，或是不达目的绝不终止的山羊造型胸针。在欢乐的场合，奥尔布赖特会戴个热气球在胸前；有时候为了表达诚意，就别个小天使。

第三章 3 言表礼仪

在社会交往中，人的言语（言）和表情（表）是传递思想信息最快最直接的途径和方式。所谓言表礼仪，就是人们在相互交往中通过说话和表情所传达给对方的礼貌和礼节。因此，只有熟练掌握言表礼仪方面的基本知识和基本技能，才能自觉运用好自己的言表礼仪。

第一节 言 语 礼 仪

言语礼仪在日常生活中经常被用到，如“请”、“您”、“不客气”等一类言辞，就属于言语“礼仪”。这类言辞可分为：礼貌语、应酬语、客套语、敬语、谦辞和雅语等。其特点是：简捷、易用，表达情感充分。学习言语礼仪，就是让大家在社会交往中能够自如运用言语礼仪，使每位学生都成为知情达“礼”的人。

一、言语礼仪的基本内容

由于言语礼仪在人们的交往中使用的频率高、表达的礼节庄重，因此，需要我们准确掌握、恰当使用。

1. 礼貌语

虽然礼貌语用得最普遍，听得频次最高，但是经常使用的词的数量却很少，最常用的一共有七个，因此被称之为七大礼貌语。培养自己使用七大礼貌语的习惯是很重要的，它能够使人变得有人缘、善解人意、大度、文雅。

1）“您”，是尊的音符，敬的旋律。“您”这个字的构成很有意思，可谓“心上有你”。这无疑是一个充满感情色彩的字眼，是用“心”呼唤着你，是“你”的尊称。由于经常使用，“您”似乎是一个很平常的称呼，但其内涵却是一个人的知识修养和人格德行的集中体现。

2）“您好”，是热情的问候，良好的祝愿。“您”是对他人的尊敬，“好”是对他人的祝愿，“您好”所表达出的是对方在自己心目中的崇高地位。作为对方，听到如此友好善意的问候与祝愿，想必心中也会充满感激之情的。

3）“请”，是礼貌的象征，谦恭的标志。“请”是一个专门用于请求的敬辞。在日常生活中，多用上一个“请”字，往往可以处处赢得主动，得到对方的照应，还可以使自己的所作所为表现得彬彬有礼，不卑不亢，如“有请”、“请教”、“请笑纳”等。

4）“谢谢”，则显示礼仪规范，强化对方好感。“谢谢”是对别人的好意表示感谢的礼貌语。每逢得到帮助、承蒙关照、受到礼遇、接受服务或得到理解与支持时，都应及时向交往对象诚挚地道一声“谢谢”。这既是对对方友善行为的感激，也是沟通心灵的桥梁。重礼节的日本人爱说“谢谢”，据统计，一个在百货公司工作的日本职员，一天平均要说 571 次“谢谢”，否则，就不是一个好职员。

5）“对不起”，是道德的尺度，灵魂的水准。“对不起”是表示道歉的套语。及时地使用这句道歉语，有助于弥补感情上的裂缝，修复双方关系，甚至化干戈为玉帛。

6）“没关系”，表示善于宽容，更见涵养。这是对“对不起”等歉意的友好回应，他表达了对对方不利于自己言行的宽容与谅解。让对方产生一种解除危机后的轻松感。我国自古以来就有崇尚宽容的文化，如“海纳百川，有容乃大”的著名诗句，当然不是不讲原则。

7）“再见”，则是亲切的道别，友谊的延续。它表达了交往中对方留给自己的良好印象和交往的成功与愉快，同时也表达了离别的无奈和对再次见面的企盼。

经常使用这些礼貌语，看起来似乎是小事，但它是打开人们心扉的钥匙，能反映一个人的教养程度。大家在使用这些礼貌用语时，要做到亲切、准确、诚挚、热情。

2．应酬语

在社交中，应酬语是少不了的。恰当地应用应酬语，是表示对人的尊重和密切人际关系的一个重要环节。

✪ 长见识 3-1

常用的应酬语

问候语：您好！早上好！晚上好！晚安！

欢迎语：欢迎您！欢迎阁下！欢迎光临！

请托语：麻烦您！劳驾！拜托了！承蒙关照！

赞赏语：太好了！美极了！真棒！

祝福语：祝你成功！祝你好运！祝你心想事成！

慰问语：辛苦了！麻烦了！祝你早日康复！

致歉语：对不起！请原谅！真抱歉！真不好意思！
礼请语：请！请进！请坐！请用茶！
道谢语：谢谢！多谢您！非常感激！
告别语：再见！回头见！明天见！请走好！欢迎再来！

3. 客套语

客套语表达的是发话人客气的言行和状态。正如培根所说："得体的客套同美好的仪容一样，是永存的荐书。"恰当地使用文明、得体的客套语，不但不是虚伪做作之举，而且是儒雅风度的表现。在我国丰富多彩的语言宝库中，有大量对交往对象表示谦虚恭敬的客套语，常用的客套语是礼貌语的一部分。

✪ 长见识 3-2

常用的客套语

初次见面说"久仰"；好久不见说"久违"；
等候客人用"恭候"；宾客来到称"光临"；
未及欢迎说"失迎"；起身作别称"告辞"；
看望别人用"拜访"；请人别送用"留步"；
陪伴朋友用"奉陪"；中途告辞用"失陪"；
请人原谅说"包涵"；请人批评说"指教"；
求人解答用"请教"；盼人指点用"赐教"；
欢迎购买说"惠顾"；请人受礼称"笑纳"；
请人帮助说"劳驾"；求给方便说"借光"；
麻烦别人说"打扰"；托人办事用"拜托"；
向人祝贺说"恭喜"；赞人见解称"高见"；
对方来信称"惠书"；赠人书画题"惠存"；
尊称老师为"恩师"；称人学生为"高足"；
请人休息说"节劳"；对方不适说"欠安"；
老人年龄称"高寿"；女士年龄称"芳龄"；
平辈年龄问"贵庚"；打听姓名问"贵姓"；
称人夫妇为"伉俪"；称人女儿为"千金"。

使用客套语，要做到真诚自然、言必由衷、不落俗套，使人听在耳中，暖在心头。

4. 敬语

敬语是表示恭敬和敬仰的词语。谦词和敬语是一个问题的两个方面，前者对内，后者对外，内谦外敬，礼仪自行。

（1）谦词敬语七字诀的内容和用法

谦词敬语七字诀的内容是“家大、舍小、令外人”，其用法：

1）“家大”，是在别人面前称自己的长辈和年长的平辈的谦词。如自称父亲为“家父”、“家严”、“家尊”、“家大人”；母亲为“家母”、“家慈”；叔父为“家叔”，哥哥为“家兄”等。

2）“舍小”，是在外人面前称比自己年龄小的家人用的谦词。凡是辈分小、年龄小的家人都冠以“舍”字，如“舍弟”、“舍妹”、“舍侄”等，但不能用“舍儿”、“舍女”，只能称“小儿”、“小媳”、“小女”、“小婿”；称妻子为内人、寒荆。值得注意的是，这里的“家大”、“舍小”已包含有“我的”意思在内，在使用时不能再赘称为“我家父”、“我舍妹”之类。

3）“令”是敬词。凡是称呼他人家中的人，无论辈分大小，男女老幼，都冠以“令”字，表示尊敬。如称他人的父亲为“令尊”、“令严”，母亲为“令堂”、“令慈”、“令母”。妻子为“令妻”、“令夫人”（或称“贤内助”、“太太”、“牵手”，以不称“爱人”为宜，以免产生歧义），亲属为“令兄”、“令弟”、“令妹”，儿子为“令郎”、“令嗣”，女儿为“令嫒”“令爱”等。

（2）使用敬语的基本要求

1）敬语主要用于以下四种场合：正规的社交场合；公务场合；与师长或身份较高的人交谈的时候；与陌生人打交道的时候。

2）敬语的使用要有针对性，要先看清对象，然后分别选用恰当的敬语。比如，你想询问一位长辈的年龄就可这么问：“您老人家高寿？”而询问平辈时则可以这样：“请问阁下贵庚？”

3）敬语是表示对人尊重的一种语言形式，只有心诚意切，才能在语言上表现出恭敬之情。

5．谦辞

谦辞，是向人表示谦恭和自谦的一种礼貌用语，除前面所述的“家大”、“舍小”所包含的内容外，尚有：

1）鄙——鄙陋之人，谦称自己。如鄙人、鄙意、鄙见等。

2）愚——愚笨之人，谦称自己，又称“下愚”。如愚兄、愚意、愚见等。

3）敝—— 谦称自己或跟自己有关的事物。如敝人、敝姓、敝处、敝校、敝舍等。

4）不佞——没有才智，谦称自己，又称不才、不肖。

5）拙——多用于谦称自己的论著、见解。如拙作、拙笔、拙刊、拙著、拙译、拙见等。

此外，文人雅士在长者面前则谦称“晚生”、“小生”、“晚学”、“后学”、“末学”；老年人有时则谦称“老夫”、“老身”等。

6．雅语

雅语，是同粗俗言语相对的一种文雅言辞，往往反映一个人的文明程度。当今的雅语首先表现在称谓的雅化上。如称手脚残疾者为"手脚不健全者"，称痴呆、低能人为"智力障碍者"，称太平间的管尸人员为"阴阳天使"，称为病人服务的人为"护理员"，称捡破烂的人为"拾荒者"，称清理大街垃圾的人为"城市美容师"、"环卫工作者"，称保姆为"家政服务员"等。这充分体现出社会对不同从业者人格的尊重。

雅语还表现在对某些行为举止说法的雅化上。如称吃饭为"用餐"、"用膳"；称倒酒为"满酒"、"斟酒"；称喝茶为"用茶"或"品茶"；称上厕所为"净手"、"方便"、"去卫生间"等。

二、言语礼仪的表达原则

弗兰西斯·培根说："在语言交际中要善于找到一种分寸，使之既直爽又不失礼。这是最难又是最好的。"在人际交往中，哪些话该说，哪些话不该说，哪些话该怎样说才符合人际交往的目的，这是言语礼仪所回答的问题。

1．说话要尊重对方

言语的礼仪尽管有许多讲究，但归结到一点就是要处处体现对对方的尊重。在与人言谈时多用赞美的话，不说伤人的话。《老子》有言："美言可以市尊，美行可以加人。"意思是说，美好的语言可以取得尊敬，美好的行为可以见重于人。相反，"伤人以言，深于矛戟"（南朝·梁元帝《金楼子》）。

2．说话要看对象

交际言语是一种双向或多向交流，不是一人独白。不同性别、不同年龄、不同职业、不同地位的人，情趣爱好亦有不同。因此，言谈要看对象，因人而异。对不同心境的人谈话亦有不同，如对失意的人不说自己得意的事。

3．说话要分场合

场合不同，所说的话也不相同。如前面讲的敬语、谦词、雅语等，主要适用于初次交往、因公交往和对外交往的场合。正式场合的言谈要谨慎庄重，非正式场合要自然轻松。因此，场合决定说话的内容、态度和分寸。

第二节 表情礼仪

人是最善于表情的动物。表情是表现在面部或姿态上的思想感情。据研究，在70万种人体语言中，人的脸能做出大约25万种不同的表情，人的姿态能做出大约45万种不同的表情。因此，我们在社交中必须注意和善于运用表情语相互表达思想感情，使社交活动更加丰富多彩。

一、面部表情

面部表情是指包括头部在内的人的脸色变化、肌肉收展和眉、眼、鼻、嘴的动作所组成的表情。面部眉、眼、鼻、嘴之间的三角区，是表情语言最集中、最丰富的部分。

（一）头部的表情达意

头部的动作亦称首语，它是头部活动所传递的信息。头部动作在表情达意方面的表现力是比较强的，人们所常见的头部动作有点头、摇头、昂头、低头等。

1. 点头

在不同的情况下，点头表示不同的意思。有的点头称是，有的点头会意，有的点头咂嘴表示同意、肯定、满意和赞赏。还有的点头微笑、点头哈腰则表示致意、感谢、恭顺和客气等。

2. 摇头

摇头，一般表示否定、反对、阻止或不以为然；摇首吐舌、摇首咋舌则表示惊讶、怀疑、不理解；摇首顿足则表示不满和无可奈何等。

长见识 3-3

点头和摇头在国外有不同于国内的语义

点头和摇头在不同的国家和地区有不同的语义。意大利那不勒斯人表示否定的动作不是摇头，而是把脑袋向后一仰，要是表示强调的否定，还用手指敲敲下巴来配合；在斯里兰卡、尼泊尔和希腊等国点头则是否定或不同意的意思；在保加利亚，是“点头不算摇头算”；还有印度、巴基斯坦、阿尔巴尼亚、伊朗、孟加拉等国也是如此。

3. 昂头

昂头的姿势和语意主要有，昂首挺胸、昂首伸眉，表示充满信心、踌躇满志；昂首阔步，显得精神振奋、意气昂扬；而昂首望天，则表示目中无人。

4. 低头

低头的姿势和语意主要有，俯首沉思、俯首听令、俯首低眉、低头不语等，表示思考、顺从、屈从、认罪；俯首帖耳，则表示恭顺；垂头丧气，则表示沮丧或丧失信心。

此外，还有诸如搔首弄姿、油头滑脑、缩头缩脑等，这些成语也在不同方面反映了头部活动所传递的信息。

在社会交往中，头部或正或倾或侧，也反映人的不同心态。身体直立，头部端正，表现的是一种自信而庄重的风度；头部前倾表示倾听、同情和关心；头部侧斜，表示对对方谈话感兴趣。

头发，对头部有保护和修饰作用，也能表情达意。人在发怒时会“怒发冲冠”；在极度害怕的情况下，会毛发皆竖。

（二）面部的表情达意

面孔是人心灵的镜子，面部表情是一个人内心情绪的外在表现，常常体现一个人的个性。人们常说的“察言观色”、“心如其面”，就是告诉人们看人要先看脸，见脸如见心。因为在体态语言中，面部表情的“词汇”最丰富，也最有表现力。它能最迅速、最敏感、最充分地表现出人类的各种情感，如喜、怒、忧、思、悲、恐、惊。人们可以从面部的微妙变化中，看到一个人错综复杂的情感变化。正如法国著名作家罗曼·罗兰所说：“面部表情是多少世纪培养成功的语言，比嘴里讲得更复杂到千百倍的语言。”

1. 脸

（1）不同的面部颜色表现出不同的心理和身体状况

1）满脸红光、满面春风是兴高采烈、踌躇满志的表露。

2）面红耳赤是急躁或羞涩的反映。

3）脸色铁青说明生气和发怒。

4）面面相觑是惊恐和束手无策的表现。

5）面如土色、面无人色则反映极端惊恐的程度。

6）面不改色是沉着镇定的神态。

7）脸色苍白也许是紧张或是身体不适。

8）面如菜色表明营养不良等。

一般认为，面部表情对人的语言起着解释、澄清、纠正和强化的作用，在反映人内心的真实性上具有相当的可靠性。

（2）面部肌肉的收展是对情感的自然流露

1）喜则眉飞色舞。

2）怒则咬牙切齿。

3）哀则愁眉苦脸。

4）乐则笑容满面。

2. 嘴

在人的五官中，嘴的表现力仅次于眼睛。嘴的开合，嘴角的向上或向下，都传递一定的信息，而且嘴的动作还是构成面部笑容的主要因素。

1）嘴巴微微张开，上齿微露形成轻笑。

2）双唇紧闭表示认真思考。

3）张嘴露齿，表示高兴。

4）咬牙切齿，表示愤怒。

5）撇嘴，表示藐视。

6）咬唇，表示自省。

7）嘴角向上表示愉快。

8）嘴角向下表示敌意。

9）撅嘴表示生气。

10）努嘴表示怂恿嘲讽。

11）咂嘴表示赞叹或惋惜。

3. 鼻

鼻的表现力也相当丰富。

1）耸鼻表示厌恶。

2）嗤之以鼻表示看不起。

3）皱鼻表示好奇或吃惊。

4）摸鼻表示亲切或重视。

表情语是人们心理活动的寒暑表和情绪变化的透视镜，在人际交往中，应注意观察对方面部表情的变化。

如果他（她）和颜悦色，可无拘束地与之倾谈；

如果他（她）脸色阴沉，你最好尽快离开；

如果他（她）扬起下巴，眼向上，鼻子也向上翘着，则表示蔑视，你最好别“领教”了。

林肯曾说：“一个人过了 40 岁就该对自己的脸孔负责。”这话是有道理的。人的面貌虽然是先天的，但人的面部表情同其他体态语一样，是可以熏陶和改变的。因为表情体现人格、气质和文化修养。表情可以流露真实而美好的情怀，也可以暴露虚假而庸俗的心计。《交际艺术》的作者李树荫说得好：“容貌大都是父母遗传的，惟有表情才是我们每个人自己所拥有和掌握的一笔财富……我们为什么不运用表情这笔财富来展示自己独有的魅力呢？如果我们先天不漂亮，那就用美好的表情来塑造自己的美”。

在人的面部表情中，最动人、最传神、最微妙、也最有魅力的是眼神和微笑。

二、眉目传情

（一）会唱歌的眉毛

俗话说：“眼睛会说话，眉毛会唱歌。”眉语也很丰富，光眉毛的表情动作就有20多种，表示出不同的语义。如扬眉表示喜悦，展眉表示宽慰，飞眉表示兴奋，喜眉表示欢愉，竖眉表示愤怒，横眉表示轻蔑，皱眉表示为难，锁眉表示忧愁，挤眉表示戏谑，低眉表示顺从。

我们从众多的有关“眉”的动作词语中，便可知“眉语”的丰富多彩。

1．表达心境的眉语

1）人们喜悦时，眉欢眼笑、喜上眉梢。

2）发怒时，愁眉蹙额、扬眉怒目。

3）悲哀时，低眉垂眼、愁眉泪眼。

4）惊恐时，竖眉瞪眼。

2．表达角色与雅俗的眉语

1）恋人相见，眉目传情、眉来眼去、暗送秋波。

2）情人相见，丢眉弄色、眉飞色舞。

3）仇人相见，横眉冷对。

4）奸诈小人，贼眉鼠眼。

5）忠厚长者，慈眉善目。

（二）会说话的眼睛

如果说，面部是“心灵的镜子”，那么，眼睛就是“心灵的窗户”了。“一身精神，具乎两目”。在人的体态语言中，眼睛最能倾诉感情、沟通心灵。眼神的千变万化，表露着人们丰富多彩的内心世界。美国作家爱默生曾说：“人的眼睛和舌头所说的话一样多，不需要字典，却能够从眼睛的语言中了解整个世界。”印度诗人泰戈尔说：“一旦学会了眼睛的语言，表情的变化将是无穷无尽的。”

1．眼神的魅力

眼睛是大脑在眼眶的延伸。据专家研究，眼神实际上是瞳孔的变化行为，瞳孔是受中枢神经控制的。它能如实地显示大脑正在进行的一切活动。瞳孔放大，传达正面信息（如看到漂亮的异性或令人喜欢、兴奋、愉快的事情）；看到自己讨厌的人或反映消沉、厌烦、愤怒的事情等负面信息，瞳孔则缩小。人们的喜怒哀乐、爱憎好恶等思想情绪的存在和变化，都能从眼睛这个神秘的器官中显示出来。早在 2000 多年前，我国就有“听其言也，观其眸子”的说法（《孟子·离娄上》）。

1）目光炯炯，给人以健康、精力旺盛的印象。

2）目光迟钝，给人以衰老，虚弱的印象。

3）目光明泽，给人以坦诚，正直的印象。

4）目滞神昏，给人以屈服命运的印象。

5）目光闪烁，给人以神秘、心虚的印象。

6）目光如炬、目光如电，表明远见卓识。

7）目光如豆、目光如鼠，表明见识短浅，能力低下。

总之，使个眼色，会心会意，配合默契的人常常心领神会。递个眼神，心照不宣，机智而聪明的人常常能接受。

俗话说：“情发于目”。一双漂亮的、会说话的眼睛，就是一个人打开内心世界的活字典。

2．眼神的类型

眼神的传情达意也有许多类型，概括起来有如下几种：

1）情爱型：含情脉脉，频传秋波。

2）凝视型：目光凝滞，若有所思。

3）思考型：不眨其眼，凝视一处。

4）忧虑型：双眉不展，目光下视。

5）欢快型：目光明快，喜形于色。

6）愤怒型：双眉紧蹙，怒目而视。

7）惊恐型：双目圆睁，惊恐万状。

8）暗示型：目光严肃，寓意深切。

9）轻蔑型：目光冷淡，虚眼斜视。

10）风流型：挤眉弄眼，目光轻佻。

3．运用目光的礼节

目光是一种重要的礼仪。在人际交往中，目光主要用来表示对对方的亲切、友好与关注。在目光接触中，凝视的部位、角度和时间不同，表明双方的关系也不同。

（1）目光凝视的类型

1）亲密凝视。这是亲人或恋人之间使用的一种凝视行为。这种凝视就是看着对方的双眼和胸部之间的“下三角”部位。

2）公务凝视。这是人们在洽谈业务、磋商交易和贸易谈判时所使用的一种凝视行为。这种凝视是指用眼睛看着对方脸上的两眼和额头中部之间的“上三角”部位。

3）社交凝视。这是人们在社交场所使用的凝视行为。这种凝视是用眼睛看着对方脸上的两眼到嘴唇之间的“下三角”部位。注视这个部位会造成一种社交气氛。而本人眼神的运用则以散点柔视为佳，看人时，目光要柔和、亲切、坦诚，而不要逼视对方。

（2）目光注视的角度

注视对方的角度，是事关与交往对象关系亲疏和对人态度的大问题。

1）平视。也叫正视，即视线呈水平状态。常用在普通场合与身份、地位平等的人进行交往时。

2）侧视。是一种平视的特殊情况，即位于交往对象的一侧，面向并平视着对方。侧视的关键在于面向对方，若为斜视对方，即为失礼之举。

3）仰视。即主动居于低处，抬眼向上注视他人，以表示尊重、敬畏对方。

4）俯视。即向下注视他人，可表示对晚辈宽容、怜爱，也可表示对他人轻慢、歧视。

（3）目光注视的时间

1）表示友好。向对方表示友好时，应不时地注视对方。注视对方的时间约占全部相处时间的 1/3 左右。

2）表示重视。向对方表示关注，应常常把目光投向对方那里。注视对方的时间约占全部相处时间的 2/3。

3）表示轻视。目光常游离对方，注视对方的时间不到全部相处时间的 1/3 就意味着轻视。

4）表示敌意。目光始终盯在对方身上，注意对方的时间在全部相处时间的 2/3 以上，被视为有敌意，或有寻衅滋事的嫌疑。

5）表示感兴趣。目光始终盯在对方身上，偶尔离开一下，注视对方的时间在全部相处时间的 2/3 以上，同样也可以表示对对方较感兴趣。

（4）目光注视的部位

1）注视对方双眼，表示自己重视对方，但时间不要太久。

2）注视对方额头，表示严肃、认真、公事公办。

3）注视对方眼部至唇部表示礼貌、尊重对方。

4）注视对方眼部至胸部多用于关系密切的男女之间，表示亲近、友善。

5）注视对方眼部至裆部（适用于注视相距较远的熟人），表示亲近、友善，但不适用于关系一般的异性。

6）注视对方任意部位（对他人身上的某一部位随意一瞥），多用于在公共场合注视陌生人，最好慎用。

（5）目光的运用

1）见面握手、问候时，眼睛要亲切、热情地望着对方。

2）与人交谈时，要善于与对方进行目光接触。

3）当询问对方身体及家人近况时，用关切的目光。

4）征询对方意见，用期待的目光。

5）当对方表示了支持、合作的意向时，用喜悦的目光。

6）当得知对方带来的意外的好消息时，用惊喜的目光。

7）对对方谈话内容感兴趣时，用关注的目光。

8）谈到有启发性的问题或真知灼见时，用赞赏的目光。

9）中间插话、转移话题或提问时，宜用歉意的目光。

送客到分手时，还要“目送”，以示尊敬友好。

总之，应最大限度地运用目光的表现力，创造一个最佳的交际氛围。

三、微笑

笑容是一种令人感觉愉快的面部表情，它可以缩短人与人之间的心理距离，为深入沟通与交往创造温馨和谐的氛围，如图 3-1 所示。

图 3-1　甜甜的微笑

（一）微笑是社交的通行证

1. 微笑能融洽交往气氛

在人的面部表情中，除眼神以外，最动人、最有魅力的是微笑。在人际交往中，微笑是人际关系的粘合剂，是“参与社交的通行证”，也是待人处世的法宝。

✪ 长见识 3-4

微笑（1）

高占祥

我赞美微笑，因为它有迷人的魅力；
我歌颂微笑，因为它有神奇的功效；
它像三月的春风，能将脸上的阴云扫掉；
它像明媚的阳光，能把心头的冰雪融消；
它像神秘的灵丹，能使人变得年轻而美貌；
它像人间的彩虹，能架起友谊亲善的金桥。

指出："手应当像脸一样富有表情。"手势的表意功能可分为以下5种：

1．情意性手势

情意性手势，常常用来表达或强调说话人的某种思想感情、意向或态度，带有强烈的感情色彩。如高兴时手舞足蹈，焦急时搓手顿足，愤怒时拍案而起，悠闲时击节吟唱，激动时挽手挥拳等；再如掌心向上表示诚实谦逊、善意礼貌，掌心向下带有强制性和命令的意味；招手表示打招呼、请过来，举手表示赞同，摆手表示不同意，叉手表示自信……这些手势是说话人内在情感和态度的自然流露，往往给对方以鲜明深刻的印象。

2．指示性手势

用来指示具体对象和方向的手势动作。如用手指指自己的胸口，表示谈论的是自己或与自己有关的事情；伸出一只手指向某一座位是示意对方在该处就座；如讲到"这、那""上、下"时用手示意，会使所指代的方位更明确。指示性手势还可以用来指点对方、他人或某一事物，表示数目，指代谈论中的某一话题或观点等。它可以增强谈话内容的明确性和真切性。

3．模拟性手势

模拟性手势，是比划事物形象特征的手势动作。如抬起手臂比划某人的高矮，伸出拇指、食指比划某一本书的厚度，伸出双手模拟一个西瓜的大小和比划某一场合的情景等。通过模拟状物以引起对方的联想，给人一种具体明确的印象。

4．象征性手势

象征性手势，是表示抽象意念的一类手势动作。如伸出右手的食指和中指构成"V"字形状（余指屈拢），象征胜利；用大拇指和食指构成圆圈，其他三指伸直张开的"OK"手势，表示良好、赞赏、顺利的意思。再如在我国跷起拇指表示称赞、夸奖；跷起小指表示贬低、蔑视；少先队员将右手举过头顶行队礼（见图3-2），象征人民的利益高于一切；入团入党，举起握成拳头的右手宣誓，表示庄严、忠诚和坚定等。这种手势能引起对方的思考和联想。

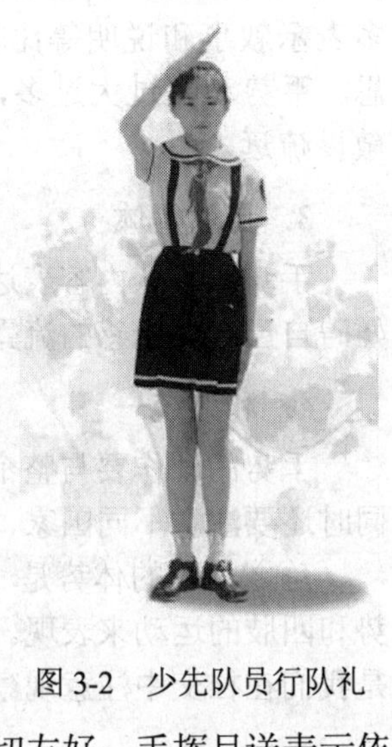
图3-2 少先队员行队礼

5．礼仪性手势

礼仪性手势，是在人际交往中用来对交往对象表示尊敬友好的手势动作。如拱手抱拳表示拜会祝贺；握手言欢，表示礼貌、热情、友善与诚恳；携手并肩表示亲切友好；手挥目送表示依依惜别；鼓掌表示欢迎、赞扬与支持；双手合十表示问好祝安；还有挥手致意、举手敬礼等。

（二）手势的运用原则

手势的运用不是孤立的，要恰如其分地表情达意，必须与人的眼神、面部表情密切结合，得心才能应手。凡是有较高文化修养、风度高雅的人，在交际场合都很注意手势的运用。说话时，为了加强语气，强调内容，设计几个富有表现力的手势配合语言，以增强表达效果，或与人交谈时留心控制自己的双手，不随便乱动，以保持文雅的风度。但是，有的人在手势的运用上存在着一些不良习惯。如兴奋时就忘乎所以，边讲话边打响指；遇到为难的事，就抓耳挠腮；与人谈话时，有边说话边挠痒的毛病；在社交场合，习惯于指手画脚、拉拉扯扯；说话时，爱反复做一个同样的手势，令人感到单调、乏味。如此种种，都有损于自己的社交形象和风度。因此手势的使用应遵循以下原则：

1. 简洁明确

手势用来表达思想感情，其动作就必须容易被人看懂和接受。如果手势复杂或含混不清，则起不到应有的表达效果，甚至会适得其反。只有简洁明确的手势，才能被人们所理解和接受。

2. 动幅适度

手势的运动轨迹要柔和。一般说来，手势的活动范围大体有三个区域，肩部以上为上区，表达理想、希望等积极肯定的思想情感；肩部至腰部为中区，多表示叙事和说明等比较平静的思想；腰部以下为下区，多表示消极否定的意思。手势动幅过大过多，显得张扬浮躁，过小显得猥琐暧昧，手势生硬会使人敬畏疏远。

3. 自然得体

手势要服从内容表达的需要，服从对象、场合的需要，不要刻意模仿，以免妨碍自己真实情感的流露。

4. 和谐统一

手势的动作要与整个面部表情乃至体势和谐一致，并要避免下意识的动作。同时还要注意不同国家、不同民族的手势的不同含义。

总之，人的体势是一种重要的交际语言。达·芬奇说过："精神应该通过姿势和四肢的运动来表现。"人的体势倾向能够流露出丰富多彩的情感，这些体势都是我们在社交中注意观察和运用的不可缺少的交际语言。

思考与练习

1. 熟读礼貌语、应酬语、客套语、敬语、谦辞和雅语，并想一想它们在人际交往中的作用。

2. 背熟谦词敬语七字诀，并掌握相应的称呼。

3. 目光能表达哪些思想感情？

4. 言语礼仪与表情礼仪的各自特点是什么。

模拟训练

1. 请同学们分组编故事并设计场景，大家按故事的情节演练七大礼貌语。

2. 请同学们利用休息时间，独自一人面对镜子演练微笑，然后大家在一起交流经验。

读一读，想一想

我国民间流传这样一个故事。

一个人走进饭店要了酒菜，吃罢摸摸口袋发现忘了带钱，便对店老板说："店家，今日忘了带钱，改日送来。"店老板连声说："不碍事，不碍事。"并恭敬地把他送出了门。

这个过程被一个无赖看到了，他也走进饭店，要了酒菜，吃完后摸了一下口袋，对店老板说："店家，今日忘了带钱，改日送来。"

谁知店老板脸色一变，揪住他，非剥他衣服不可。

无赖不服，说："为什么刚才那人可以赊账，我就不行？"

店家说："人家吃菜，筷子在桌上找齐，喝酒一盅一盅地筛，斯斯文文，吃罢掏出手绢揩嘴，是个有德行的人，岂能赖我几个钱。你呢？筷子往胸前找齐，狼吞虎咽，吃上瘾来，脚踏上条凳，端起酒壶直往嘴里灌，吃罢用袖子揩嘴，分明是个居无定室、食无定餐之徒，我岂能饶你！"

一席话说得无赖哑口无言，只得留下外衣，狼狈而去。

第四章

4 公共礼仪

公共礼仪，主要包括公共场所礼仪与外出旅行礼仪。随着我国经济的快速发展，人口的城市化规模逐步扩大、流动性不断增加，公共礼仪已经越来越成为每位公民走出家门遵循的必不可少的礼仪规范。

第一节　公共场所礼仪

公共场所礼仪，是调整公共场所中人与人之间关系的礼仪规范。所谓公共场所，是指公民可以自由出入和人员聚集的地方，按其特性不同，可分为固定公共场所和移动公共场所两种。固定公共场所包括：公园、影剧院、图书馆、餐馆、商店、街道、交通场站等；移动公共场所包括：汽车、飞机、轮船、列车等。无论是固定公共场所，还是移动公共场所，它们都是为大众提供服务的地方和部门。因此，两者的礼仪规范在场所上虽有差别，但在内容上基本是一致的。

一、保持卫生

由于公共场所人员往来穿梭、流动性大，所以公共场所的环境卫生，需要依靠大家共同来保持。

在公共场所切忌随处乱扔废弃物、随地吐痰和甩鼻涕，尤其在路上骑（乘）车行进中，更不要扭身向旁边随口吐痰，因为这不但会污染路面，还可能会飞溅到路边行人的身上，再说这种行为既不道德也不雅观，如图 4-1 所示。

图 4-1　行进中随便吐痰殃及路边行人

在影剧院、比赛场馆，忌吃有瓜皮、果壳类的食物；对有包装的食品，应注意包装物的处理，一般是集中包好，走出座位，扔进果皮箱。

二、礼待他人

1）公共场所人员多，难免发生拥挤，应和气地请别人让路。不应凭体力一声不响地猛冲猛挤，磕碰强行。

2）在马路上或公共汽车上遇到老人、孕妇、带小孩的妇女、残疾人等体弱不便的人，更应主动让路、让座，切忌利用他们的弱点，抢座、占道，如图 4-2、图 4-3 所示。

3）不慎和别人碰撞，应相互致歉，说句“对不起”、“请原谅”等文明用语，不可怒目相视，出言不逊，甚至大打出手。

4）尽量避免挤贴到别人身体上（特别是异性），如确实太拥挤，无法躲让，也应诚心道歉，别人也会因你有礼貌而谅解。

图 4-2　主动给老年人让座

图 4-3　自觉不走盲道

三、遵守公德

在公共场所，遵守公德是每个人应该自觉的和起码的行为，损人利己理应受到公众谴责。如图 4-4 所示。

1）在大街上行走，人多拥挤时，应鱼贯而行。三人以上同行时，忌连臂横排，阻挡他人通过，既影响交通秩序，又危及自身安全。

图 4-4　候车亭是公共场所不能不顾及他人

2）在公共场所排队购物或购票时，一忌拥挤起哄，二忌与排在自己前面的人身体贴靠得太近，在不得已被挤贴的情况下，更忌咳嗽、吐烟、晃动。排队应按先来后到为序，自己“加塞”是失礼的，助人“加塞”是无礼的。若确有紧急情况或特殊理由，可礼貌地求得排队人的同意，方可优先办理。办完后，还应再次向曾排在自己前面的人致谢，忌办妥后扭头得意而去。

3）在公共场合，不能只图自己方便不惜损害别人的利益，为此受到批评时，切忌强词夺理，恶语伤人，应虚心认错，诚恳接受。

四、拒绝吸烟

当今世界，限制在公共场所吸烟，已成风尚。一些发达国家（地区）都先后明文规定：在公共场所禁止吸烟。这是必须遵守的公德。我国已规定从 2011 年 1 月起，内地公共场所将完全禁止吸烟。因此吸烟者都应注意克制，主动不吸或最好拒绝吸烟。

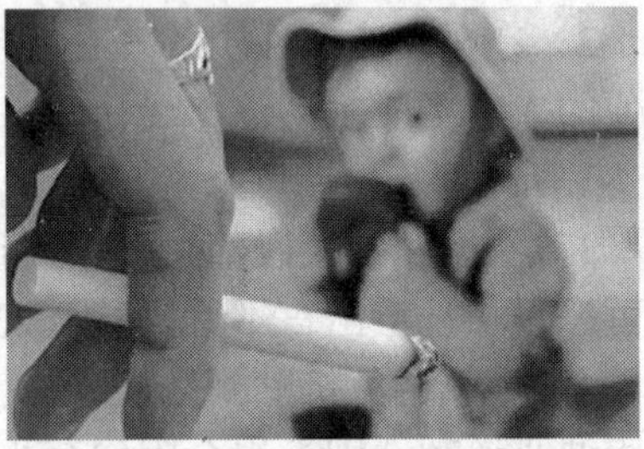

图 4-5　公共场所吸烟有害他人健康

在公共场所的吸烟者应做到：

1）吸烟时，不要面对别人吞云吐雾，烟灰、烟头和火柴棒不要随意乱扔。

2）不管自己是否吸烟，最好不向别人敬烟。

3）与人共处时，如有年长者、女士在座，应先征得他（她）们同意，方可吸烟，但也不应认为，征得一次同意，便一支接一支肆无忌惮地吸。要先考虑他人的健康，特别是儿童的健康。如图 4-5 所示。

五、举止文明

公共场所是属于大家的，不是个人私宅，所以，一切言谈举止都应文明大方，切忌言行粗俗。尤其在影剧院、图书馆、公园等既雅静又人多的场所，每个人更应该讲文明、重礼貌。

1）说话要文雅。在众人之中，忌不停地窃窃私语，更不宜大声喧哗。如图 4-6 所示。

图 4-6　在餐馆聚会饮酒切忌旁若无人

2）互相要谦让。在公共场所，如迟到入座，应客气地请别人让一让；发现自己座位已被他人坐着（可能是夫妇或恋人），要求换座时，要尽量照顾，不要以为自己有理，就以理压人，粗暴拒绝，强行驱赶对方，让对方处于被动难堪的境地。

3）行为要体面。如果与情侣在公共场所，要注意自己的举止言行，不可目无他人和有碍儒雅。

4）男性要绅士，女性要庄重。来到公共场所，人们有意无意间既看景，也看人。男女的穿着和言谈举止等表现会对公共场所产生不同的影响，因此男性要表现得绅士，女性要表现得庄重。

六、衣装得体

各类公共场所的活动空间大小不一，特点各异。比如电影院、音乐厅、市内公交车、体育场、饭馆、舞厅等公共场所在空间和风格上都大不相同。无论进入哪一类公共场所，都要按着该公共场所的公众须知来规范自己的言行，表现出自己应有的礼貌。

1）在不同的公共场所，应注意自己的穿着是否得体。一般来说，衣着要求随场合、随季节、随对象的情况而定。即使天气炎热，在公共场合，袒胸露背，赤身露体，也是不可取的，尤其是在人员空间小的公交车上更不应如此，这会给其他乘客带来不便，如图 4-7 所示。

图 4-7　公交车上不能赤身露体

2）公共场所有免费开放和收费服务的区域，该买票入内时，应文明购票，礼貌入场。男士入场后，要主动为同来的年长者和女士寻找座位。

3）在观看容易激动的比赛或表演时，要控制好自己的情绪，切忌忘乎所以，不能吼叫、跺脚，不能向场内投掷杂物，更不能因激动而做出攻击裁判或与支持另一方的观众发生吵闹。

长见识 4-1

太太，您刚才说什么

在西方社会，“女士优先”是男士恪守的社交原则，在一些不起眼的小事上谦让和照顾女士，被认为是男子汉气质与绅士风度的表现。因此，在不少西方国家，都有一条不成文的规矩：即女士乘搭公共汽车的时候，同车的男士应主动让座。在这种情况下，女士无需推让，只需要说一声“谢谢”，便可以安然入座。

一天，正是上班的交通高峰时间，一辆搭载了不少乘客的电车，缓缓地停靠在站台上，一位太太登上了电车，她穿着合体的套装，拎着一只小小的漆皮包，在车厢里走了一步，便犹豫地站住了，因为乘客挺多，已经没有空座了。一位先生见状，便客气地站起身对她说：“请坐这吧。”这位太太走上前，看也没看他一眼，便一声不吭地坐下了，让座的先生颇感诧异，周围的乘客也都对这种不礼貌的行为感到不满。

这位先生站在她的身边，想了一下，俯下身问：“太太，您刚才说什么？我没有听清楚。”那位太太抬头看看他，奇怪地说：“我什么也没有说呀。”“喔，对不起，太太。”那位先生淡淡地说：“我还以为您在说‘谢谢’呢。”

车里的其他乘客都笑了起来，那位不讲礼貌的太太在众人的笑声中羞得满脸通红。

第二节　外出旅行礼仪

外出旅行，是指旅行者乘长途公交工具离开自己的居住区域所做的旅行。外出旅行，旅行者不仅没有脱离公共场所，而且他所处的公共场所具有许多特殊性，这对旅行者遵守礼仪规范提出了更高的要求。因此，旅行者在外出旅行的过程中，除遵守一般公共场所礼仪外，还要遵守外出旅行礼仪。本节着重讲两方面的内容：一是长途公交工具礼仪，二是问路、行路和游览礼仪。

一、长途公交礼仪

人们外出旅行更多的是乘坐列车，而列车与飞机、轮船等长途公交工具一样，都是人员高度集中的流动性公共场所。它们的共同特点是：需等候、内部空间小、人员杂、行李多、近距离接触、便于交流、易发生摩擦、途中餐饮等。下面就以列车礼仪为例对长途公交礼仪予以介绍。

1. 文明候车

1）掌握时间。要准时候车，必须考虑到去车站的路上所花费的时间，如果没有提前买票还要留有充足的买票时间，此外安全检查、检票等都要花费时间。因此，要掌握好时间，准时候车，以免耽误乘车。

2）安全防范。候车大厅里人员多，旅客携带的东西多，人员流动快，因此，旅客要知道车站是不法分子便于作案的地方。在候车时，乘客要提高警惕，保护好自己和随身物品的安全，不给作案者任何可乘之机，当然，也要尽自己所能配合车站工作人员为维护车站治安做些力所能及的工作。候车时，乘客不要睡觉，不要把物品托付给不认识的人看管。

3）礼貌让座。候车大厅里设有供旅客休息的座椅，就座时不要把携带的东西放在相邻的座椅上，也不要将食品饮料放在上面，以免多占和弄脏座椅影响他人就坐。如果遇到更需要座椅休息的旅客，应主动让位（见图 4-8）。检票时，不要为了抢先检票在座椅上踏过。

图 4-8　礼貌让座

4）排队检票。检票开始时，旅客往往会拥挤，争先恐后。这时应该排队按次序检票。如果有座号，可以等人少时检票。检票时，应该帮助需要帮助的乘客，但注意不要拿错物品。

2．文明乘降

上下列车时，旅客往往会一扫平日的文雅，大家携带着物品一起涌到出入口，造成出入口处的拥挤，因此会经常出现人体相互摩擦的失礼情况。这种局面，最容易发生失窃、磕碰损伤、口角打斗，甚至生命危险等不文明和意外现象，因此每位乘客务必要遵守公德、讲究礼貌。

1）要按着先下后上的顺序乘降列车。乘降列车时要听从站台工作人员的指挥先排好队，经允许按着先下后上的顺序来完成旅客乘降，无论是下车旅客还是上车旅客都不要拥挤，前后旅客要保持一定的距离。

2）列车将要到站时，旅客应收拾好自己的物品，排队等候下车。在收拾物品的时候既不要把自己的物品遗忘在车上，也不要错拿别人的东西，否则会遇到麻烦，影响到站下车。

3）新上车的旅客要整理好自己的物品，摆放要安全美观，与别人相同或相似的包裹不要放在一起，以免错拿。使用行李架，要相互兼顾，不要独占太多的空间位置，也不要粗暴地用自己的行李砸压别人的行李。挪动别人物品之前要友好协商，同意后再挪动，并表示谢意。

4）旅客在取行李架上的物品时，不要穿着鞋直接踩在座席上，这有失公德，而应该脱鞋或在鞋下面垫上纸然后再踩。总之，保证座席干净是乘客应有的公德。

3．礼貌相处

由于公交工具空间小人员集中，每个人在行程中都要与其他旅客礼貌相处，避免给别人造成不方便或难以接受的情况。

1）服装要整洁。乘客们肩并肩、面对面坐在一起，这对彼此的穿着提出了要求，即穿着要整洁，否则会出现不雅的情况。如，女性穿得太露会使坐在身边的男性不自在；男性光着膀子会使坐在身边的女性不自在。再如，穿着不干净的人会使身边穿着干净的人不自在。

2）要控制体味。人都有体味，不同的人差别较大。外出前应该搞好个人卫生，旅行中要控制自己的体味。目前我国的公共旅行工具基本上是密封，如果一个人身体散发出浓重的异味，对周边的人是不礼貌的。当然，更不要在车厢内随便脱鞋，特别是有脚气或走过远道的人更应该注意。

3）不要多占座。有的人在身边旅客下车后便躺在座席上，对刚上车没有座位的旅客却视而不见，这是缺乏爱心、不礼貌不道德的行为。

4）坐姿要端正。长途乘车不免要疲乏，但在众人之前不可以用任意变换身体姿势来解除疲劳，有些姿势是极不礼貌的。如把脚放到别人的身边，跷腿歪躺着，有的姿势还外露了自己的“春光”。出现这些坐姿，是对自己和其他旅客的不敬重。

5）交谈要有度。在列车上旅客之间容易交谈，这样可以减少旅途疲劳和寂寞，感觉时间过得快。但交谈要有分寸掌握好度，不要涉及国家机密和个人私事；不能什么人讲的话都信以为真，不要产生相见恨晚的感觉以免上当受骗，如图 4-9 所示。同时，不宜打听别人旅行的目的、不探听对方隐私，不冒失要求对方留下住址；如果邻座是异性，交谈更要有所避讳。

图 4-9　乘客之间的谈话不要信以为真

6）安全要第一。出门在外，安全第一是要牢固树立的观念。重要文件、文物、贵重物品和枪支等，一定要妥善保管，必要时，应和乘务员、乘警取得联系；

自己的衣物要放好并注意保管避免钱款被人窃走；要婉言谢绝陌生人提供的食品和酒水；用开水时要避免烫伤自己和他人；使用厕所时，要防止贵重物品（如手机、私章、身份证等）失落。

7）就寝要避人。在卧铺车厢，不可盯视他人的睡前准备和睡相；自己就寝时，应背对其他乘客解衣。

4．配合乘务员工作

外出旅行会遇到许多为我们提供服务的乘务人员，为了营造一个舒适的旅行环境，他们辛勤劳动，对此我们应给予配合。

1）及时补票。上车前如来不及买车票，上车后应及时补票。

2）保持卫生。当乘务员清扫车厢或提供其他服务时，应主动配合，给予方便，并表示敬意，必要时可参与劳动。

3）协助治安。如发现坏人作案，应配合乘务员和乘警及时处置。

二、问路、行路、游览礼仪

出门，免不了问路。因为旅行者总愿去未去过的地方观光。问路更是经常遇到的事。想少走弯路，游览顺利，应学点问路、行路礼仪。

1．问路礼仪

俗话说：“少了一个礼，多走十余里。”这形象地说明了问路礼仪的重要性，如图 4-10 所示。

图 4-10　问路要讲礼

1）用普通话问路。用普通话问路能够使双方都听得清楚，可以避免因语言不通，或因方言之故，发生似懂实误现象，使问路失败或遭受挫折。在问完第一个人后，间隔一定时间，再另问一人，以证实是否正确。

2）恰当称呼对方。热情礼貌地称呼对方，能够使对方乐于助人。按照年龄、穿着、性别等情况，确定如何称呼为宜。对方如是女性，难以确定其婚姻状况时，则可按未婚称呼，这样可以避免难堪和不快；年龄一般往偏小方面称呼。把“大叔”称为“大爷”，别人未必高兴。

3）为对方提供必要的线索。问路时，要协助对方思考。许多地方（特别是新兴旅游地区）在改革开放中，变化很大很快。因此，问路时，可用导游图、历史资料以及旅途中道听途说得到的知识为线索，启发被问者回顾，诱导思路，让他解答路之所在，如图 4-11 所示。

图 4-11　温馨指路

4）最后要说声“谢谢”。问路时，耽误了别人时间，问路完毕，不管目标明确与否，都应当诚意致谢。问路时，如果对方正忙着，应耐心等一会再问。有时，旅游者自己也可以为别人解答问路等事宜，应尽己之所能给人帮助，实在不清楚，也要抱歉地说明原因。

2．行路礼仪

旅游区，交通较为发达，游人相对多些，且多是外来客。在当地人看来，原本不成问题的行路礼仪，对异地他乡的人，就显得必要了。行路时应做到：

1）相互礼让，自觉遵守交通规则。年轻人要让老年人，男士要让女士，健康人要让残疾人，如需急速超行（抢拍镜头等），应表示歉意；若迎面有人急速跑来，应向路边避让，便于来人通过。无数事例表明：人们在行进中不遵守交通规则、不讲行路礼仪，是发生纠纷和交通事故的主要原因。在行进中，不守交通规则，不讲行路谦让，大多数在旅游中，将是“此路不通”。那种明知故犯，对别人毫不相让的行为，都是十分失礼的。

2）不要在行进中边走边吃，边吃边扔（吐）。吃东西最好是在室内或销售摊点等固定场所；也可买后包好，带上车或回旅馆再吃。沿路吃东西，既不卫生，也不雅观；要是女士，更是有失文雅。另外，路上不要吸烟，因为稍有拥挤，极易烫坏衣服或灼伤别人。

3）不影响他人行路。在马路上行走，如果人多，不要横排占道；如是一个人，行走的路线要相对稳定，如果不是寻找遗失的东西，切勿在路上东张西望、左顾右盼；若观看风光建筑，应在路边停下脚步，不要边走边变换角度观看，以免在马路上走成S形。

4）相互照应。在旅游区，无论走在都市街道上，还是走在风景山水间，游客们都应互相照应。在马路上，通过十字路口要看清红绿灯，靠右边行走。一般说，人行道的内侧是又安全，又尊贵的位置，宜让给年长者或女士；年轻人或男士，则走在外侧。在险峻的山崖路上，亦该如此。在车辆多或灯光昏暗的路段，外侧者，应先走几步，并提醒照应他人。

3．游览礼仪

经过长途跋涉，旅游者终于来到了目的地。这时，旅游者在旅游中应注意的礼仪有：

1）爱护公共财物。游览区因其独特的美景而招来四方游客，这些美景是属于祖国的，属于大众的。作为观光客，除为之自豪、为之赞叹外，也有保护它的义务。具体说，大到公共建筑、公共设施、文物古迹，小到花草树木，都应珍爱，不能在廊、柱、墙、碑等建筑物上和树木、竹林等植物上乱写乱画乱刻，随意采挖掘取。我们应当清楚地认识到：当看到“某某到此一游”字迹时，心中泛起的只有指责，刻画之处，恰成了刻画者的可耻记录。如图4-12所示。

2）保持好环境卫生。旅游点游客较多，多数人随身带有食品或旅游用品，因此，保持好旅游景点的环境卫生是十分重要的，要做到不乱扔饮料瓶、罐、盖、食品盒（袋），不乱堆放行装。如图4-13所示。

图4-12　不要随处写“到此一游”

图4-13　不要在景区随便丢垃圾

又如在旅游景点许可的地方野餐野炊，一定要注意防火。结束时，要将剩下的物品，连同瓜皮果壳，以及包装物收拾干净；所用的灶坑处理复原，才可离去。切忌在旅游点的隐蔽角落大小便。保持旅游点的安静祥和气氛，不大声喧哗，不肆意嬉笑打闹。遇有导游或讲解人员，应随行细听介绍，不纠缠追问恣意刁难。

3）游客间彼此互助。在游览观光中，当行至曲折幽径或小桥、山头时，除注意自身安全外，应主动为老幼妇孺让路、指路，不可争先抢行，看见他们有困难，要及时伸出援助之手；公共座椅、躺椅，不可横躺占位，打呼鼾睡；有标志性的景点，往往是拍照留影的热点，人多拥挤，如已站在拍照颇佳位置，不应拖延时间过久，影响别人留影；遇有人争占，要客气礼让，不可针锋相对，逞强好胜；有人已在拍照，不宜频频催促，更不可上前推人。如遇有人求助帮忙拍照，可欣然应允，并力求拍照成功。旅游点如设有儿童游玩设施，不要让自己孩子独占太长时间，成年人更不宜占据儿童游乐设施。

4）尊重自己的国格和人格。旅游景点里南来北往的游客不断，大家为同一目的而来，却在行为、语言、风俗、服饰等方面各不相同，对于来自国外的游客，这些不同就更明显了。因此，旅游观光时，不要过分强调自己的要求和情趣而影响他人，不要过分坚持自己的审美见解而议论他人，以友好相伴，求同存异，和睦相处；对兄弟民族同胞要一视同仁，尊重他们的民族习惯和宗教信仰（多数旅游景点有庙寺、观庵）；对外国朋友要热情大方，不卑不亢，忌远远地窥视、围观和惟洋惟大，更不应出现有损国格人格的丑行媚态；情侣恋人在旅游观光时，也要注意检点自己的行为，不可旁若无人，有碍观瞻。

思考与练习

1. 在公共场所我们应该遵循哪些礼节？

2. 谈谈你乘坐长途公共汽车、火车、飞机时遇到过哪些不文明和不礼貌的行为，这些行为对其他旅客有什么不良影响？

3. 谈谈怎样问路才能让对方感到我们有礼貌？

4. 想一想，我们在景区怎样做才是一位讲文明的游客？

模拟训练

1. 请同学们分组，根据所学内容编一个候车室里发生的故事，然后大家表演怎样文明礼貌候车。

2. 请同学们分组，表演一个景区中不讲文明礼貌的游客，然后大家对他的行为所产生的危害进行评议。

读一读，想一想

查理太太驾驶一辆新型的敞篷车在公路上行驶，才 5min 就已经把所有的交通法规触犯得无遗了，最后撞倒了迎面来的一个男人。查理太太下车向男人抱歉地说：“真对不起，先生，这完全是我的错，是我驶错了路线，你没有什么损伤吧？”那男人苦笑道：“不，太太，这是我自己的错。”说着从地上拾起两枚撞落的牙齿，“因为我在 300m 之外就看见你了，当时我是来得及爬到树上去的。”

第五章 5 社交礼仪

在现代社会，人们要使自己的事业有声有色，必须具有强烈的社交意识；要显示自己的风度，增添个人的魅力，必须熟知社交礼仪。因为社交礼仪能够让人们相互尊重、增进感情、缩短距离、广交朋友，所以社交礼仪是人类文明的展现、沟通情感的桥梁。

第一节 日常所施的礼

顾名思义，日常所施的礼是指人们见面时使用频率比较高的那部分礼节。这些礼节的使用，能够充分表达人们日常见面时相互间对对方的尊敬、问候、友好和关心情感。

一、点头礼

点头礼，亦即颔首致意。使用范围如下：

1）通常用于同级或同辈之间。如在路上相遇，又未戴帽，则不妨边行走边点头致意。

2）对于在同一场合已多次见面的相识者或有一面之交的朋友等，也可用点头微笑致意，俗语谓之“点头之交”。

3）长者、贤者、女士对年轻者、地位低者、男士的鞠躬等礼的回礼，也可用点头微笑致意。

4）旅游服务接待人员遇到宾客，既不可视而不见，毫无反应，也不必逐一鞠躬、问候，以免宾客逐一还礼，应接不暇，所以，一般只需微笑点头致意即可。

二、握手礼

聚散忧喜皆握手，此时无声胜有声。握手礼是在社交活动中使用频率最高、适应范围最广的一种礼节。

1．握手礼的适用范围

握手，是沟通思想、交流感情、增进友谊的重要方式。深情、文雅而得体的一握，往往蕴含着令人愉悦、信任、接受的契机。因此，在许多场合都不能忽视与别人握手的礼节。如图5-1所示。

图5-1　亲切握手

1）在被介绍与别人相识、双方互致问候的时候，应和对方握手致意，表示为相识而感到高兴，今后愿意建立联系或商谈工作等。

2）对久别重逢的友人或多日未见的同事，相见时应热情握手，以此表示问候、关切和感到高兴的意思。

3）当对方获得好成绩、得奖或有喜事时（如就任新职、作品发表、竞赛获得名次、喜结伉俪等），见面时应与之握手，以表示祝贺。

4）在自己领取奖品时，应与发奖者握手，以表示感谢领导对自己的鼓励。

5）在参加宴请（包括各种茶话会、招待会和家宴等）告辞时，应和主人握手表示感谢。

6）在与座客友人、同事或上司等辞别时，也应握手以表示希望再见之意。

7）邀请客人参加活动，在告别之时，主人应和所有客人握手，以表示感谢对方能拨冗光临，给予支持之意。

8）参加友人、同事或上下级的家属追悼会，离别时，应和死者主要的亲属握手，表示劝慰并节哀之意。

2．握手礼的礼节要求

握手，这种世界上最通用的礼节，有其一套较完整的礼节要求。

1）行握手礼时，通常距离受礼者约一步，两足立正，上身稍向前倾，伸出右手，四指并齐，拇指张开与对方相握，微微抖动三四次，然后与对方的手松开仍恢复原状。与关系亲近者，握手可稍加力度和抖动数次，甚至双手交叉热烈相握。

2）要以右手相握，左手相握是严重失礼的。因故（如右手患疾或沾有油污等）不能用右手相握，则应主动向对方致歉并加以说明，免除握手礼。

3）双目一定要凝视对方，微笑致意。眼睛“走神”、心不在焉，边握手边看其他人或物，这是对对方的最大不敬和失礼的行为。

4）要掌握握手的时间和力度。一般来说，握手不宜握得太紧，不能长时间握住对方的手，不要抓住对方的手使劲摇晃。也不能用力过小，很快地一碰就放，这样会使人感到你是一个拘谨或傲慢无礼的人，使对方认为你是在虚伪地敷衍。握手必须因时间、地点和对象而异。

5）握手先后有序。一般由主人、年长者、身份高者、女士先伸手，客人、年轻者、身份低者、男士可先行问候致意，待对方伸手后再接握。在外交场合遇见贵宾时，应有礼貌地点头致意或表示欢迎，但不宜主动上前握手问候。只有当贵宾主动伸手时，才可向前接握问候。如遇到身份高的熟悉的长辈，应待对方应酬活动告一段落之后，再上前问候或握手致意。多人相见时，握手更应先后有序。此外，和妇女握手时，男子必须先脱下手套（身穿军服的军人例外）。切忌交叉握手。不能在跨门槛或隔着门槛时握手，也不能连蹦带跳地握手，或边握手边敲肩拍背，以及有其他轻浮不雅之举。图 5-2 所示的几种握手方式都是失礼的。

交叉握手　　与第三者说话（目视他人）

摆动幅度过大　　戴手套或手不清洁

图 5-2　几种失礼的握手方式

三、鞠躬礼

鞠躬礼，一般是下级对上级、服务人员对宾客、初次见面的朋友之间以及欢送宾客时所施的礼节。行礼时，取立正姿势（避免两腿叉开或向前弯曲），双目注视受礼者，微笑，然后使身体上部向前倾斜 15° 左右，视线随鞠躬自然下垂。男士在鞠躬时，双手放在裤线稍前的地方，女士则将双手在身前下端轻轻搭在一起。动作不要太快，幅度要主随客便。例如，日本人士特别是妇女鞠躬，弯曲度较大，我们亦应相对加大，一般则不宜幅度过大。鞠躬时，还应微笑致以相应的问候语或告别语，如“见到您很高兴”，“欢迎下次光临”等。如图 5-3 所示。

图 5-3　练习鞠躬礼

戴帽者行鞠躬礼时，必须先脱帽，用右手握住帽檐中央，将帽取下，左手下垂行礼，受礼者若是长者、贤者、宾客、女士，还礼可不鞠躬，而用欠身、点头、微笑致意以示还礼，其他，均应以鞠躬礼相还。

鞠躬，在我国也是古已有之，是我国传统的礼仪之一。鞠躬礼目前主要用在以下五种场合：

1）演员谢幕。当一场精彩的演出结束时，观众往往报以热烈的掌声，以感谢演职人员的辛勤劳动。为了对热情的观众的支持表示感谢，这时演员们常以鞠躬来谢幕。

2）演讲和领奖。报告人在演讲前和结束后，以深深的鞠躬来表示自己对听众的敬意。得奖人在上台领取奖品或奖状时，也总要向授奖人和全体与会者鞠躬，以感谢上级领导对自己的关心和爱护，感谢大家通过出席颁奖大会对自己的支持和鼓励。

3）举行婚礼。在我国的多数城镇和农村，仍保持着举行婚礼时“新郎新娘三鞠躬”的传统礼仪。新郎和新娘要向尊长、亲友和来宾行诚挚的鞠躬礼。

4）接待外宾。日本人见面时一般不握手，而习惯于相互鞠躬。我们在接待日本等国的友人时，要尊重他国的习俗，行鞠躬礼。鞠躬的深度视对于受礼或被问候人的尊敬程度而定。

5）悼念活动。在亲朋好友去世之后，为其举行的种种悼念活动，如在灵堂吊丧或参加追悼会，向遗体告别，赠送花圈，祭奠死者等，都要向遗像、遗体和骨灰盒行鞠躬礼。

四、举手注目礼

举手注目礼原是军人施行的特殊礼节。行礼时，立正并举起右手，手指伸直并齐，以食指捺于帽檐右侧，手掌微向外方，右上臂与肩齐高，双目向受礼者注视，待答礼后，将手放下。现已演变为日常交往中的一种礼节。通常在公共场合遇到相识的人，但彼此相距较远，或在急促行走时对面相遇，便举起右手向对方招呼致意。在行举手礼的同时，用双目自然地凝视对方（一般眼鼻之间的部位更显自然），以示敬重。举手和注目应同步，否则是一种严重的失礼行为。

五、亲吻礼

在西方，亲吻是上级对下级、长辈对晚辈、朋友间或夫妇间表示亲昵、爱抚的一种礼节。视不同的对象采用亲额头、贴面颊、接吻、吻手背等形式。在公共场合见面时，为了表示亲近，妇女之间可以亲脸，男子之间一般抱肩拥抱，男女之间可以贴脸颊，长辈可以亲晚辈的脸或额头，男子对尊敬的女宾则只吻其手背，等等。如图 5-4 所示。

图 5-4　国外的吻手礼

在我国传统礼节中，没有亲吻、拥抱的习惯。现时为尊重对方，也可配施此礼。但女性一般不接受异性的亲吻礼节。如遇外宾亲吻致礼时，可主动伸出右手行握手礼。然而，对国外宾客、外籍华人中的长者，出于对我们工作的尊重而吻手背等，我们应落落大方以礼相待。

六、拥抱礼

拥抱礼是男子之间在隆重场合常施的欢迎宾客或表示祝贺、感谢的一种礼节，拥抱时，两人相对而立，右臂偏上，左臂偏下，右手扶着对方的左肩，左手扶着对方的右后腰，按各自的方位，两人头部及上身都先向左相互拥抱，再向右相互拥抱，最后再向左拥抱，礼毕。我国传统礼节中没有此礼，现时为尊重对方，也时有行之。

第二节　介绍与交谈礼仪

一、介绍的礼仪

介绍是一种经常使用的社交形式，是指双方从中沟通、建立交往关系的意思。

1. 介绍的作用

1）它能缩短人们之间的距离。不相识的人，通过介绍后，隔阂感逐渐被亲近感所取代。

2）它能帮助扩大社交圈，结识新朋友，加快彼此的了解。它是旅游、商业对宾客迎接、服务过程中所不可少的社交环节。

3）介绍可以及时消除一些不必要的误会。

2．介绍的种类

1）按社交场合分，有正式介绍和非正式介绍。

2）按被介绍者的人数来分，有集体介绍和个别介绍。

3）按介绍者来区分，有自我介绍和他人介绍。

此外还有商业性介绍，家庭成员介绍等。

3．介绍的次序

国际上的一般惯例是把身份低的介绍给身份高的；把年轻的介绍给年长的；把男士介绍给女士；把未婚的介绍给已婚的。

商业性介绍则不分男女，总是把身份地位低的介绍给身份地位高的。

介绍的总的原则是把别人介绍给你所尊敬的人。在介绍过程中，先提某人的名字是对他（她）的一种敬意。比如，要把一位姓张的男子介绍给一位姓王的女子，可以这样介绍："王小姐，让我把张先生介绍给你好吗？"然后就给双方作介绍："这位是张先生，这位是王小姐。"又如，把一位年轻的女士介绍给一位大企业的负责人，则不论性别，均应先提这位企业家，可以这样介绍："总经理，我很荣幸能介绍王丽小姐来见您。"然后给双方作介绍。在介绍时，最好是姓名并提。还可附加职称、职务、爱好特长等说明。比如说："张总，这位是我的同学王丽，她刚从北京回来，是位专业舞蹈演员。""王丽，这位是我们公司的张然总经理。"

4．介绍时应注意的礼貌礼节要求

1）在作具体介绍时，应有礼貌地平举右手掌示意，且眼神要随手势指向被介绍的对象，而不应伸出食指指指划划，或眼手不协调，显得心不在焉。

2）介绍时，除长者、贤者、女士可就座微笑或略起欠身致意外，一般均应起立，微笑致意或说"认识你很高兴"之类的礼貌语。

3）在宴会桌、会议桌上也可不起立，被介绍者只需略欠身微笑点头，有所表示即可。

4）经介绍后，应牢记被介绍双方的姓名和单位等，否则，再见面时，对对方如同陌生人一样则是最大的失礼行为。

二、交谈的礼仪

谈话，是社会交往、沟通信息、联络感情、交流思想的重要手段。在谈话过程中，要讲究风度、礼节、分寸。

1．注目和聆听

交谈中，表情要端庄大方，自然得体。如果是站立谈话，与对方保持距离要适中，通常约两步。双目要凝视着对方，以示专心致志和尊重对方。同时，要耐心地听别人把话讲完，聆听重于表达，切不可流露出漫不经心或不耐烦的神态。

2．善于营造谈话气氛

1）采取以诚相见，坦率谈论的态度，使别人感到亲切自然，意见容易被别人接受。如果虚情假意，言不由衷，就会出现"话不投机半句多"的尴尬局面。

2）多人交谈时，主持人应不时与所有的人攀谈，不要只与一两个人谈话，而冷落了其他人。

3）交谈者应共同维护现场谈话气氛，发言不要争先恐后，七嘴八舌，把谈话现场搞乱。

4）要围绕交谈的主题，不要在别人对原话题余兴未尽时，又提出新的话题。更不要自己想到什么就谈什么，让别人无所适从。假如一时出现僵局，应设法改变话题，维持良好的谈话气氛。

5）注意反馈，注意情绪交流。当交谈一方在阐述自己的意见时，另一方要通过适当的眼神、手势或其他体态语言，让对方感觉到自己在认真倾听；也可适当使用一些语气词，如"啊！""是吗？""太好了！"之类，来烘托、渲染谈话气氛，激发对方的谈兴。如果让一方滔滔不绝，自己却如泥塑木雕一般，不置可否，必然冷淡了谈话的气氛。

3．准确流畅

在交谈时应吐字清晰，避免使用似是而非的语言；应去掉过多的口头语，以免语句割断；语句停顿要准确，思路要清晰，谈话要缓急有度；言谈时尽量不用书面语或专业术语，因为这样的谈吐让人感到太正规，受拘束或是理解困难。

✪ 长见识 5-1

贤妻，速燃银烛

古时有一笑话说的是有一书生，突然被蝎子蜇了，便对其妻子喊道："贤妻，速燃银烛，你夫为虫所袭！"他的妻子没有听明白，书生更着急了："身如琵琶，尾似钢锥，叫声贤妻，打个亮来，看看是何物！"其妻仍然没有领会他的意思，书生疼痛难熬，不得不大声吼道："快点灯，我被蝎子蜇了！"

4．交谈的忌讳

在社交场合，新老朋友聚首，开心畅谈，是人生一大快事，但其间有些"忌讳"，不可不知。

1）要持谦逊友好的态度，切忌自我吹嘘，摆出一副教训别人的神气。事实证明，滔滔不绝吹嘘个人的成就和功绩，使听者索然无味，甚至会使心胸狭小的人产生嫉恨。倒是一个质朴平和的人，更能得到朋友的信任和敬重。

2）要尊重对方，对不同的意见或见解，应表示欢迎的态度，切忌针锋相对，非争个输赢不可，更不能恶语伤人、出言不逊、讽刺挖苦、指桑骂槐。

3）要善于表达自己的不同意见，切忌武断、固执。不要把自己的意见看成是绝对正确的，而别人的意见则是根本不值一提的。更不要强迫别人立刻接受你的意见，应当让别人有充分的时间来考虑。同时，要有敢于纠正自己错误的勇气。

4）谈话内容要健康，忌对别人评头品足，言人之短。格调低下的话题，于人于己无所裨益，大庭广众下扬人之短，使别人难堪。俄国一位作家说得妙："什么叫教养？它不仅表现在不把酒洒落在餐桌上，而且在人家洒落时他一眼也不看。"

5）忌谈扫兴事。特别是对别人不愿谈及的事或容易引起悲痛伤心的事，应尽量避免，更不能提及对方的生理缺陷，使对方产生沮丧痛苦、自卑等消极情绪。

6）尊重外国朋友的私隐，不询问对方的年龄、婚否，不议论当事国的内政，尊重别人的宗教信仰。对方不愿回答的问题，不要追问，对对方反感的问题，应表示歉意。

7）谨记内外有别，外事接待中要严守国家机密，按党的对外方针政策和对外口径办事，没有把握时要及时向上级请示。

8）亲疏有度，保持距离。任何交际活动，总是在一定空间进行的，每个人也都有他个人的空间。相互交往的各方，都会自觉不自觉地保持相互间的距离。根据美国人类学家爱德华·霍尔提出的四个界域，在社交言谈中也应加以遵循。这四个界域及其语义见表 5-1。

表 5-1　四个界域及其语义

亲密距离	0.15～0.46m	语义：热烈 亲密
个人距离	0.46～1.2m	语义：亲切 友好
社交距离	1.20～3.6m	语义：严肃 庄重
公众距离	3.6～7.6m	这是讲课与听课、演说与听众、演出与观众的距离

第三节　做客与待客礼仪

宾客往来是人际交往中最常见的社交应酬活动。高朋满座朋友如云是事业兴旺，人情练达的标志。讲究做客待客方面的礼仪，就是要让宾主双方在交往中都能够得到对方应该给予的热情、尊敬和礼遇，使交往顺利和可持续地进行，从而达到交往的预期目的。

一、做客礼仪

1. 事先预约，不做不速之客

做客友人，务必选好时机，事先约定，这是做客的首要原则。一般而言，当你决定要去做客某位友人，应先打电话与对方取得联系，约定比较合适的会面地点和时间，并把做客的意图告诉对方。

2. 守时践约，不做失约之客

宾主双方约定了会面的具体时间，作为访问者应履约守时如期而至。如因故迟到，应向主人道歉。如因故失约，应在事先诚恳而婉转地说明。

3. 登门有礼，不做冒失之客

1）轻轻叩门，施礼问好。如果到主人寓所做客，作为客人进入主人寓所之前，应用食指轻轻叩门或按动电铃，若是熟人、亲属，可在敲门后立于门口；若是初访者或下级，应侧身站在门首的左侧，待有回音或有人开门相让，方可进入；若是主人亲自开门相迎，见面后应热情施礼问好；若是主人夫妇同时相迎，则应先问候女主人好；若你不认识出来开门的人，则应问："请问，这是某某先生的家吗？"得到准确回答后方可进门。

2）主人热情，以礼回报。当主人把来访者介绍给他的妻子或丈夫相识，或向来访者介绍家人时，都要面带微笑，热情地向对方点头致意或握手问好。见到主人的长辈则应恭敬地请安，并问候家中的其他成员。当主人请坐时，应道声"谢谢"，并按主人指点的座位入座。若带有鲜花、果品、书籍等礼物，可在进门之初奉献主人。主人上茶时，要起身双手接迎，并热情道谢。喝茶时要慢慢品饮，果品要小口细嚼，烟要少抽或不抽，如要抽烟需征得主人和女士的同意。对后来的客人应起身相迎，必要时，应主动告辞。

4. 举止文雅，不做邋遢之客

为了对主人表示敬重之意，做客要仪表端庄，衣着整洁。入室之前要在门垫上擦净鞋底，或换成拖鞋，不要把脏物带进主人家里。夏天进屋后再热也不应脱掉衬衫、长裤，冬天进屋再冷也应脱下外套，摘下帽子、手套、墨镜，有时还应脱下大衣和围巾。身患有病，尤其是传染病，不应走亲访友。

5. 举止文雅，不做粗俗之客

在朋友家里，不要乱脱、乱扔衣服。与主人关系再好，也不要翻动主人的书信和工艺品。未经主人相让，不要擅入主人卧室、书房，更不要在桌上乱翻，床上乱躺。

6．适时告辞，不做难辞之客

“串门无久坐，闲话宜少说。”初次造访以半小时为宜，一般性做客以不超过一小时为限。造访的目的达到，见主人显得疲乏，或意欲他为，或还有其他客人，应适时告辞。辞行时要向其他客人道别，并感谢主人的热诚款待。出门后应请主人就此留步。

二、待客礼仪

（一）迎客

1．精心准备

古人云：“有朋自远方来，不亦乐乎？”这说明广交朋友，礼貌待客是中华民族的传统美德。迎接客人的准备工作一定要做好，如美化一下环境、摆放好水果和茶具，使客人一进门便感觉到你对他的到来非常重视和高兴。

2．热情迎接

如果与客人久未见面，见面时可说：“久违、久违”；对初次登门的客人，应到寓所的大院门口或楼下迎接，见面时可说：“久仰、久仰”、“百闻不如一见”；未及亲迎的，可说“失迎、失迎”或“有失远迎”等以示歉意。如客人手提重物，应主动帮助接提，还要关照家人给予合作。接应客人时应面含微笑，握手、问候和表示欢迎，这是不可少的“迎宾三部曲”。

3．待客以礼

在接待中，对任何客人来访都应热情欢迎，毫不见外地奉为上宾。

1）接客人进屋，应主人在前，客人在后；进入客厅后，请客人在上座就座。所谓上座，是指较为尊贵、舒服、高一些的座位，如宾主并排就座时的右座和面对正门的座位。客人一旦落座，就不再劝其换位。

2）客人落座后，应热情献茶或奉上糖果、饮料。一般来说，茶水饮料放在客人的右前方，点心糖果放在客人的左前方；上茶应从客人的右边上。如请客人吃水果，应将洗净的水果和水果刀交给客人自己削皮。

3）与客人谈话，态度要诚恳热情。不要频频看表，不要一边聊天一边看电视、看报纸、打毛衣，不要显出厌倦或不耐烦的样子，否则是极不礼貌的。万一主人有急事要办，应向客人说明并致歉。

如有准备的话，可真诚地请客人一起进餐。如来自外地的客人需要留宿，应周密安排，并向客人介绍家庭生活设施和提供卫生用品等。

（二）送客

在人际交往中，好的开场就像一束鲜花给人愉快；精彩的告别如同一杯芬芳的美酒令人回味。否则会造成热情迎宾，冷淡送客的不良后果，给客人留下不好的印象。因此，要处理好这样几个环节：

第一，当客人要走时，应婉言相留，这是情谊流连的自然显示，并非客套多余。

第二，当客人起身告辞并伸出手时，方可出手相握，切不可在送客时先“起身”或先“出手”，免得有厌客之嫌。

第三，迎客应主人走在前面，送客应客人走在前面。主人送客一般应送到门外或楼下，目送客人远去时，可挥手致意，并道以“欢迎再来！”和上司一起送客时要比上司稍后一步。

第四，客人来访，常带有礼品，主人应表示谢意，说声：“让您破费了。”决不可若无其事，显出理所当然或受之无愧的样子。

三、轿车礼仪

随着社会的发展，轿车越来越多地进入千家万户，它不仅是人们的代步工具，而且也是人们社会交往的工具。轿车礼仪讲的就是体现在轿车的位次和上下轿车的顺序上的尊敬宾客、礼貌待人的行为规范。

1．轿车的位次

排列轿车座次时，必须明确座位数量不同的轿车，排列座次的方法往往有所不同；并且在乘坐同一种轿车时，驾车者的具体身份也会对排列座次产生影响。

1）五座轿车。主人亲自驾车时的座次，如图 5-5 所示；专职司机驾车时的座次，如图 5-6 所示。

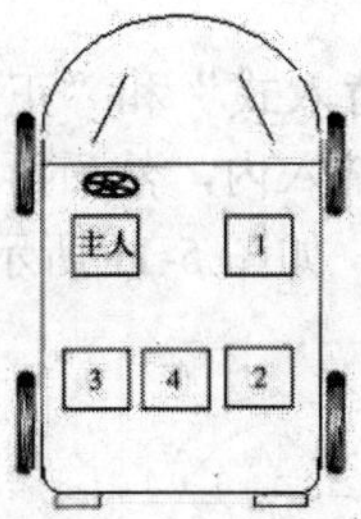

图 5-5　主人驾驶五座轿车时的座次

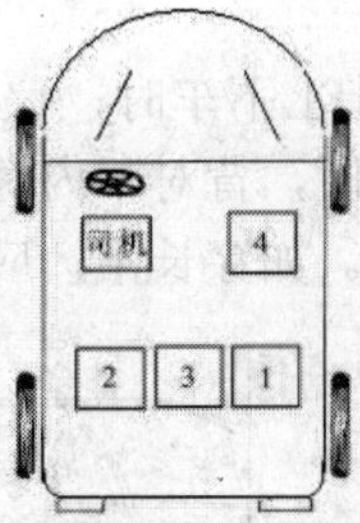

图 5-6　专职司机驾驶五座轿车时的座次

2）吉普车。吉普车是一种轻型越野车，大都为四座车。不管由谁驾驶，吉普车的座位顺序是：副驾驶座、后排右座、后排左座，如图 5-7 所示。

3）三排七座轿车。主人驾车时的座次，如图 5-8 所示；专职司机驾车时的座次，如图 5-9 所示。

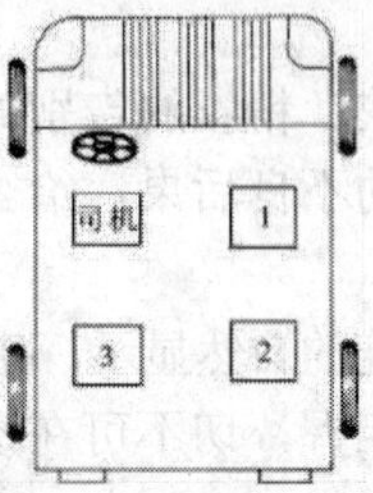

图 5-7　吉普车的座次

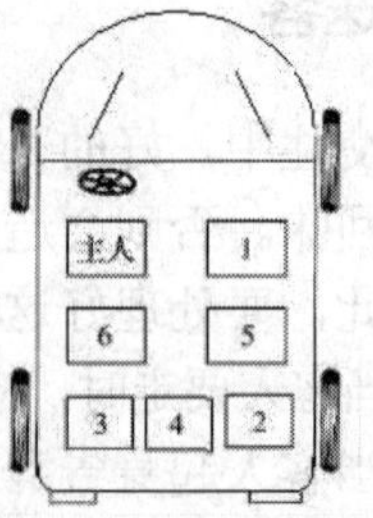

图 5-8　主人驾三排七座轿车的座次

4）多排座轿车。多排座轿车是指四排以上座位的轿车。不管何人开车，均应由前而后、由右而左，依距车门远近进行排列，这主要是考虑主宾或主人上下车的方便与否，如图 5-10 所示。

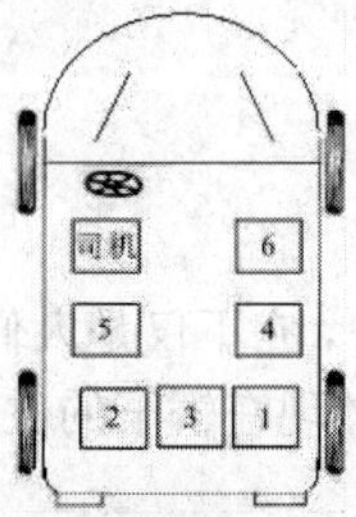

图 5-9　专职司机驾三排七座轿车的座次

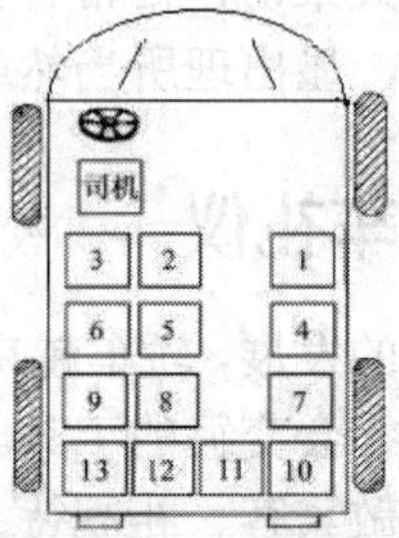

图 5-10　多排座轿车的座次

2．上下轿车的顺序

1）上下轿车时，通常请被陪同者首先上车，最后下车；而陪同人员则最后上车，首先下车。不过，在具体执行时应以方便来宾为宜。

2）乘车时，男士和晚辈应照顾女士和长辈，请他们先上后下，并且为他们开、关车门。

3）女士上下车时，仪态要优雅，姿势应采用“背入式”和“正出式”。打开车门上车时，背对车内臀部先坐下，同时上身及头部入内，然后再将并拢的双腿送进车内。如穿长裙，应在关上车门前将裙子弄好，如图 5-11 所示。

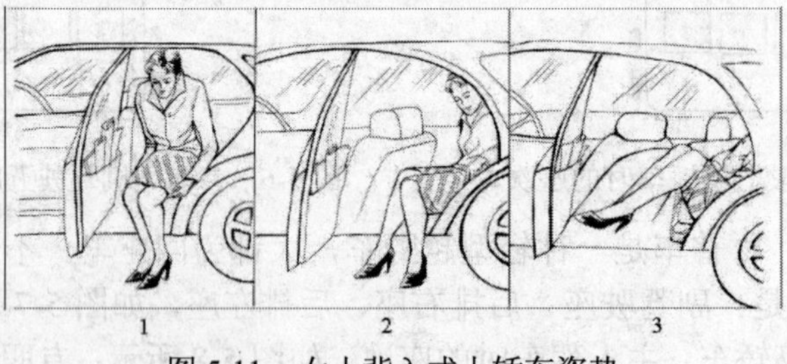

图 5-11　女士背入式上轿车姿势

下车时正面朝车门，双脚先着地，再将上体头部伸出车外，同时起立出来，如图 5-12 所示。

1 2 3

图 5-12 女士正出式下轿车姿势

四、赠送礼仪

礼尚往来，是人之常情，也是社交应酬、作客的需要。在某些时日，互相恰当地赠送一点礼物和选送一些鲜花，往往有助于联络感情，密切关系，加深友谊。因此，赠物送花，也是社交活动的一项内容。

1. 赠物礼仪

礼物宜轻重得当，合乎时宜，不落俗套，使受礼者倍感珍贵，达到增进感情的目的。礼物一般有如下几种：

1）贺喜礼物——给新婚夫妇送上一份有纪念性的礼物，以示祝贺。礼物一定要在婚前送到。

2）开张答谢礼物——企业或商场的开张、乔迁，宾馆、大厦落成等。开张或落成贺礼一般较为简单，赠送一块贺扁或大型工艺品等。但无论何种祝贺礼物，必须在揭幕或剪彩之前数小时送到。

3）问候性礼物——领导、同事患病，礼物应根据病人需要，送上营养品为主，切忌送纪念性礼物。

4）鼓励性礼物——包括授奖、表彰等，一般赠送既有实用价值又有纪念意义的文化用品。

2. 赠花礼仪

鲜花是美好、吉祥、友谊和幸福的象征。我国早在汉代就有“折柳送别话依依”的诗句，可见在当时已有交际赠花之习俗。当今社交中无论是欢迎、送别、婚寿庆祝，还是节庆、开业、慰问、吊唁及国际交往中，人们经常赠之以鲜花，言志明心。但由于各地风俗习惯不同，花的含义也不同，送花时必须注意得体，购花时应向花店的服务人员咨询相关的礼俗。

✪ 长见识 5-2

几种常见花卉的寓意

荷花——纯洁、淡泊和无邪
月季——幸福、光荣
红玫瑰——爱情
白菊——真实
百合——圣洁、幸福、百年好合
野百合——幸福即将来临
红罂粟——安慰、慰藉
红蔷薇——求爱、爱情
杜鹃——节制、盼望
康乃馨——健康长寿
红茶花——天生丽质
山茶花——美好的品德
勿忘我——永志不忘、真挚和贞操
菊花——长寿高洁
兰花——优雅
剑兰——步步高升
松柏——坚强
橄榄枝——和平
梅花——刚毅、坚贞不屈
文竹——祝贺长寿
常春藤——结婚、白头偕老
水仙——尊敬、自尊
牡丹——拘谨、害羞
牵牛花——爱情
紫丁香——初恋
野丁香——谦逊、美好
黄色郁金香——爱的绝望
红色郁金香——宣布爱恋
蓝色郁金香——诚实

樱花——心灵的美
并蒂莲——夫妻恩爱
万年青——长寿、友谊长存
红豆——相思
仙人掌——热心
竹子——正直、虚心
美人蕉——坚实
……

送一束花时最好用花纸将花包装好，再系一根与鲜花颜色相匹配的彩带，这样既便于携带，又使花显得更漂亮。

第四节 电话与名片礼仪

今天，随着现代科学技术的迅猛发展，电话、名片已成为人们日常工作和生活中的重要工具，因而，懂得使用电话、名片的礼貌礼节很有必要。

一、电话礼仪

在电话中，如果你能有礼地说话，耐心地倾听别人所讲的话，交往就会取得成功，各种事情就变得顺利了。通过电话，使对方感受你的亲切、热情、礼貌、微笑，这定会给你的组织和你自己带来美誉。

1. 打电话的礼貌要点

1）要先自我介绍。不自我介绍，劈头就问："喂，你是谁?"这是很不礼貌的。

2）万一打错时，应客气地致歉，明白打错时立刻挂断的做法也是很不礼貌的。

3）打电话时，应尽可能简单明了讲清事情，要避免不必要的长时间客套或玩笑。

4）讲话时速度极快，含糊不清，说话从不停顿，这都是不好的打电话方法。重要的地方和难以理解的词要强调、慢说，或在这句话前停顿一下，或再重复一遍，这样可便于对方听明白。

2. 接听电话的礼貌要点

1）电话铃响了，要迅速回答电话。这会使对方明白你和你的单位是热心为他服务的，是讲效率的。

2）拿起话筒的第一句话应向对方问好，接着自我介绍。

3）要是你正在接待来客时来了电话，应注意先向客人打个招呼说："对不起!"然后再去取听筒。

4）当场难以答复的事，可先记下对方的姓名、电话号码，然后挂断电话，以后再打。

5）要是被找的人不在，应回答："他现在走开了，"或"他刚才外出了。"如果对方要求传话，应在纸上记下对方的姓名、电话号码、事情、接话时间和自己的姓名。记下的留言要向对方重复说一遍，并要尽快交至当事人。

6）要聆听对方的讲话及注意对方的情绪，注意自己的表情。

7）不要中途打断对方的话，需请对方重复时，应等对方的话告一段落时再请求。

8）通话中碰到有的情况需要查询时，应立刻把情况告诉对方，请他等待。如需较长时间，应不时向对方说："请您再稍等片刻。"或"请挂了电话，我待会儿再打给您。"在问明对方电话号码之后再挂断电话。总之，切忌让对方久等，不要让对方有被遗忘的感觉。

9）遇到打错的电话，不要态度冷淡生硬，更不要说些不礼貌的话。这对搞好双方的关系大有益处，要知道，这样做其实是最好的对外宣传广告。

10）在电话中，你应该比平常的声调低。声嘶力竭地说话对方反而不易听清，再说，这样还会妨碍周围的人，这是不礼貌的。

二、名片礼仪

1．名片的作用

1）名片是交际场合个人身份的介绍信。借助小小的名片，可以明白无误地向对方说明自己的姓名、在职单位、职务职称、社会头衔、通信地址及电话等。

2）名片可省去初次见面口头介绍容易造成的遗忘、误听、误解的麻烦。中国人一向以谦逊为美德，一般不习惯主动向别人介绍自己的头衔职位，使用名片则可避免不便启齿的尴尬，加深初交的印象，有益于日后的继续交往联系。

3）名片可作为简单的礼节性通信往来，以表示祝贺、感谢、介绍、辞行、慰问、吊唁等。如亲友生日、结婚等喜庆，自己不能前往祝贺并参加宴会，可在名片上写一句贺词："祝生日快乐"等，随同礼品托人捎去或邮去；又如登门做客亲友或他人，却吃了闭门羹，可在名片上写上留言，待对方回来，看到名片，便知有客来访。

2．名片的规格

最常见的有两种：

一种是 9cm×5.5 cm，洁白卡纸或本色香水卡纸。一般直接印上黑字；也有先套印白墨隐花图纹，再印上文字的；也有在片头或恰当处加印徽记之类装饰性图案的；总体上以疏密有致、清雅端庄取胜。内地较多喜用此种形式。

另一种是 10cm×7 cm，片面色彩比较厚重，或在深色卡纸、布纹纸上烫印金色电化铝文字，或在片周镶印金边，彩色成文不一。总体以富丽堂皇、气派豪华取胜。海外采用此种形式的较为多见。

文字排印，分横式、竖式两种。横式行序由上而下，字序从左至右。第一行是持片人的供职单位、部门名称，兼职较多者，则要分行列出。正中以较大字号低两格排印持片人的姓名，姓名右下方用小字标上持片人职务、职称或学衔，名片下方分行列出单位地址、电话号码、邮政编码等，或附上寓所地址、电话号码等。竖式行序从右至左，字序由上而下，排印内容先后顺序同横式所述。名片的背面可空白，亦可根据需要印上某种外文，其内容与正面各项内容相同。

3．使用名片应注意的礼貌礼节

1）递赠名片者，一般以左手持名片夹，右手取出自己的名片双手递给对方，要把名片上的字体正对接受者，态度要从容大方，可说句：“请多指教”，“请多关照”等礼貌用语。如图 5-13 所示。

图 5-13　交换名片的礼节

2）收受者亦应双手接过，并说声“谢谢”，将名片上的内容观看一遍，然后妥善放入自己的票夹，或暂置案前，以便继续交谈。也可向对方回赠自己的名片。切忌漫不经心，一眼也不看就收藏起来，也不要把名片放在桌子上时，在其上面压上别的东西，那是对对方的不恭。更不要把别人的名片在手中玩弄，那是非常失礼的。

✪ 长见识 5-3

名片不是牙签

美国的《纽约时报》曾有一则生动的报道：“午餐后的商务会议顺利开始了。西装革履的美国公关公司人员坐在谈判桌的一边，有可能成为他们客户的日本人则坐在另一边。会议中，在翻译员进行冗长的翻译时，美方首席代表思想开小差了。他开始拨弄起日方首席代表的名片，几乎是下意识地把名片拿到嘴边，用名片的尖角上上下下仔细地剔着牙，因为午饭后，他的牙缝中间塞进了肉丝。会议的结果可想而知，合同泡汤了。”

3）在社交场合，应根据需要，确定递赠名片的对象，切忌滥发、厚此薄彼、该发不发。同一场合，切忌向同一对象重复递赠名片，给人以轻薄之感。

✪ 长见识 5-4

把名片当成扑克牌

有一位来自美国得克萨斯州半导体公司的总裁去日本参加一个商务会议，尽管她是商务代表团的团长，但其他日本代表团的成员根本不正眼看她，不和她说话。原来，她递名片的动作就像打扑克牌，把名片随意地扔到桌子对面，落在对方的座位前。

思考与练习

1. 握手礼适用的范围和要求是什么？
2. 在正式场合，介绍的顺序是怎样的？
3. 按送礼的目的分，礼物主要有哪几种？
4. 打电话主要遵守哪些礼节？

模拟训练

1. 请同学们分组表演常施的礼，大家对每位同学的动作进行评议，评出施礼比较标准的同学。

2. 请同学们分组，表演一个去朋友家做客的故事，看看如果失礼会出现什么笑话和后果。

读一读，想一想

主人有一天请客，早早备好了酒菜。三位客人来了两位，还有一位等了很久也未来。主人一着急，说了一句："该来的还不来。"他说这句话的原意是："怎么搞的，是该来的时候了，怎么还不来呢？"可是这句话引起了一位客人的疑心："是不是我不该来？"于是起身告辞："对不起，我有点事失陪了。"主人送走这位客人后回来叹息道："唉！不该走的倒走了。"他的原意是："我是诚心请他吃饭，他不该走的，结果走了啊！"哪知，剩下的这位客人听了心里很不是滋味。心想"就我们两个客人，他不该走，该走的就是我了？"于是愤怒地说："我该走了！"便拂袖而去。

第六章 6 面试礼仪

面试，是刚刚告别校园步入社会的毕业生需要跨越的第一道求职门槛。而求职中遵循的面试礼仪则是求职者成功应聘的礼仪规范，它能够使求职者在应聘中彬彬有礼地沉着应对各种挑战。因此，熟知面试礼仪有助于求职者顺利地通过应聘，开启自己人生新的旅程。

第一节　面试准备

面对平生第一次求职面试，任何人都免不了心慌意乱，总觉得心里没底，其实这是很正常的事。这种心理可以用唐代诗人朱庆余的《近试上张水部》一诗来描绘：

洞房昨夜停红烛，待晓堂前拜舅姑。
妆罢低声问夫婿：画眉深浅入时无？

这首诗表面上描写的是一桩生活中的小事：一个即将拜见公婆的新娘，梳妆完了低声问丈夫，眉毛画得深浅合不合时宜。实际上是作者描写自己在参加进士考试之前的心情，想问问张水部，自己的文章合不合主考官的意？可见，求职者对于面试如同新娘第一次见公婆一样是非常重要的，如果效果不佳，印象不好，就会前功尽弃。因此，面试是一个人在职业生涯中要过的第一道关，它要求求职者在面试前必须做好充分的准备，尽自己最大的努力争取面试成功。

一、搜集信息

1．要尽可能多地了解用人单位

假如你对用人单位的行业特点、创业历史、所有制性质、经营现状、发展前景、人员构成及其素质等情况了如指掌，那么你就有了在面试中与主考官进行沟通的素材，否则，就会茫然不知所措。因此，面试前除对招聘单位进行全面了解外，如有条件最好到招聘单位去一趟，顺便估算一下到达目的地所需的时间，再对该公司职员的着装等企业文化做个初步了解。

2．要尽可能了解用人单位的主管

因为在面试中求职者要与用人单位的主管进行面谈，所以求职者能否被录用，在相当程度上取决于该主管对求职者考察的结果及其印象的好坏。

1）了解主管的姓名、学历、家庭情况、兴趣爱好。如初次见面，求职者亲切地道一声"某某经理，您好"，这样就缩短了双方心理上的距离，淡化了陌生感。

2）了解主管受教育程度及所学专业。如果求职者与主管是校友，所学专业相同或相近，沟通就容易多了。如果主管是自学成才的，就要避免谈论接受正规学校教育的优势，免得主管心里不悦。

3）了解主管的民族、出生地。如尊重主管的民族风俗和习惯，家乡的风土人情，可以避免出现这方面谈话上的失误。如果求职者与主管是同乡，那么天然的故土情缘会使面谈气氛亲切融洽。

总之，多了解一些招聘单位和主管的情况，就会使求职者多一份沉着、自信与成功。

二、端正心态

求职者在求职之前，一定要先认清自己所具备的求职条件及其兴趣爱好，再根据就业市场的实际状况，对自己的职业选择有一个合理的定位。只有做到知己知彼，才能调整好自己的心态，有的放矢和充满自信地迎接面试的挑战。

1．克服不良心态

能否克服面试中的不良心态，是面试成功与否的关键。下面是求职者重点防范的两种面试中可能出现的不良心态：

1）自视甚高的心态。即求职者过高地估计了自己的条件和能力，对成功应聘盲目自信和乐观，因而面试前不做认真准备。这样的求职者却经不起面试的考验，一遇难题就不知所措，立刻露出了原形。如图 6-1 所示。

2）自惭形秽的心态。认为自己什么都不如别人，对面试害怕得不得了，还没到面试现场，自己在心理上先垮了下来，等轮到自己面试时，则手发抖、心发慌、头皮发胀。这种缺乏自信的求职者很难被招聘单位看中。如图 6-2 所示。

图 6-1　自视甚高的心态

图 6-2　自惭形秽的心态

2．树立充满自信的心态

求职者最重要的就是树立起充满自信的心态，因为只有自己对自己充满信心才会在面试时精神饱满、意气风发，讲起话来泰然自若、语气中肯，言辞表达准确，这样就会给主考官留下深刻的印象。如图 6-3 所示。

充满自信的心态并非是求职者凭空的感觉和外强中干的表现，而是由积极进取的精神、双向选择的态度和做好失败的心理准备等因素共同铸就的良好心态。

1）积极进取的精神。富有积极进取精神的求职者，能够针对面试做充分细致的准备，如打电话、查资料、搞调研，对每一个可能问及的问题及细节都会认真思考。这样做的结果，就是求职者在面试中的超常发挥。

图 6-3　充满自信的心态

2）双向选择的态度。持有这种态度的求职者在面试中会表现得不卑不亢，因为他会把用人单位放在与自己平等的地位上进行考察，做到知己知彼。这样的求职者最容易调动起自己的积极性和主动性，从而扬长避短充分展示自己。

3）做好失败的心理准备。面试如同打仗，胜败乃兵家常事，况且失败是成功之母。有这种心理准备的求职者，会丢掉思想上的包袱轻装上阵，在面试中能够沉着冷静地迎接各种挑战。

三、备齐资料

参加面试，要携带求职信、简历表和其他书面资料等，总之要做到有备无患。这些资料在面试前要列出清单以免遗忘，其中主要有：

1）招聘广告的复印件。

2）各种证书。包括毕业证书、学位证书、专修证书、技能证书、任职证书及获奖的荣誉证书。

3）毕业生推荐表、推荐信，包括推荐人姓名、地址、邮编、电话等。

4）个人作品、报告、成果、名片。

5）与应聘公司有关的小册子和资料。

6）预备的一连串应答问题（只列要点）及准备提出的问题。

7）有关城市的交通图、记事本、钢笔等文具。

上述资料和文具应装入文件夹或公文包，以增加职业家的气质。

第二节　面 试 形 象

求职者的形象被喻为一张生动的“名片”，它所表达的信息非常丰富，如求职者的文化修养、公关意识、礼貌程度等。因此，求职者要重视自己的面试形象，要根据自身的条件和所求职业的特点进行精心设计。

一、求职者的穿着打扮

1．穿着打扮要与自己的个性特征相一致

如果求职者是女性，又拥有一张“娃娃脸”，那么应选择颜色深沉的套装，给人一种稳重的印象；如果求职者相貌老成，那么应选择色调柔和的套装，显得充满活力，以免给考官一种跟不上时代节拍的感觉。总之，要根据自己的个性特征来选择服装的颜色和款式。

2．穿着打扮要与招聘单位所属行业相协调

如果招聘单位属于艺术类行业，如出版社、广告设计、室内装饰或化妆品公司等，面试时服装应尽量穿得时尚而富有创意，凸显个性；如果招聘单位属于非艺术类行业，如金融、保险、国际贸易、教育、卫生、法律等，应穿着传统而保守一点的服装。总的来说，西装与套装是面试时的基本款式。男士要理发、剃须，女士要选好发型；男士服饰以庄重为宜，女士化妆以淡雅为好。选择的发型和服饰，不要过分“前卫”、摩登，或刻意追求怪异、新奇、性感。

二、求职者的行为表现

1．走姿要稳健坐姿要端庄

求职者如果进入了面试的周边区域就要规范自己的行为举止，因为考官们有可能在你身边。由于职业习惯的驱使，考官们在进出考场的时候会注意前来求职者的个性特征和行为举止，所以求职者要注意自己走姿和坐姿是否规范。求职者无论走进考区还是走进考场，都要挺胸抬头步伐稳健，避免趾高气扬或垂头丧气的不雅走姿，如图 6-4 所示。同样，求职者无论是坐在休息厅等候还是坐在考场面试，都要坐姿端庄，避免出现将手放在自己的腿下、身体摇晃、抖腿、双手交叉于胸前、跷二郎腿等不雅坐姿，如图 6-5 所示。

趾高气扬走路　　　　低头走路

图 6-4　两种应避免出现的不雅走姿

将手放在腿下　　身体摇晃和抖腿　　双手交叉于胸前　　跷二郎腿

图 6-5　四种应避免出现的不雅坐姿

之所以要求求职者的行为举止要得体，是因为考官们要考察求职者的行为举止是否符合身份和场合，是否能恰如其分地借以传达出自己的意愿。有的专家认为，在人际交往中，约有 80%的信息是借助于举止这种无声的“第二语言”来传达的。

✪ 长见识 6-1

因跷二郎腿泡汤的交易

据报道，一位爱国华侨经过周密的考察后，决定向国内一家公司投巨资。当他与这个公司的经理面谈后，这笔交易泡汤了。原因很简单，原来这位华侨与经理面谈时，这位经理坐在沙发上跷起二郎腿，不停地颤动着并吞云吐雾吸烟，这位华侨担心自己的巨资会被他抖落得干干净净，化成烟雾无影无踪。

2. 要用微笑和眼神表达情感

培根说得好：“和蔼可亲的态度是永远的介绍信。”在面试中，求职者要有发自内心的微笑，因为微笑能够表达求职者这样一些思想：一是心境良好、二是充满自信、三是真诚友善、四是乐于敬业。

眼神也是富于感染力的表情语言。在面试中，要聚精会神地注视对方，以表现出对对方谈话的内容有浓厚兴趣，这样会使对方感受到你的鼓励和尊敬。求职者用有神的眼睛配合自己讲话，这样会生动和富有感染力。

✪ 长见识 6-2

用行为举止征服考官

某家跨国公司要招聘一名新职员，应聘人员踊跃。为数不少的人在面试后，都未被录用，而 A 先生没有说一句话，主考的人事部经理就决定录用他了。旁人颇感蹊跷，经理解释道：“A 的举止体态已经交了一份最好的答卷。他进门后沉着地向大家举手打招呼，说明他有很好的修养；选择了最前排的中间座位就座，表明他希望别人注意自己，善于自我推销，充满自信，有较强的优越感；并且他就座的地方人最多，说明他与人合群，善于交际；就座后，他的坐姿极佳，很坦然地坐在椅子上，臀部占据了椅子大部分，并且上身挺直，两手自然地放在膝盖上，不左顾右盼，双眼一直注视着我们，表明他稳重、沉着、冷静、大度，办事专心认真，对人尊重。A 先生是一名难得的人才，非常适合他所要做的工作。”

三、求职者的口语表达

面试是求职者口才和交际能力的展现。在面试时，求职者在口语表达方面要注意以下几点：

1．要尊敬他人

“心理互酬规律”告诉我们，受到重视和尊敬是人们的共同愿望。在面试时，从见到接待人员起，就要注意礼貌。称呼工作人员时要用尊称或姓氏加上职称，交谈时要恰当使用敬语和谦辞。

2．字正音清

与人交谈，要注意自己说话时的吐字与声音，做到字正音清。每个字的发音要力争准确，声音要清晰，语调要平稳柔和、抑扬顿挫，富有节奏感，表现出求职者来自内心的朝气和活力。说话时一定要自然大方，不能矫揉造作。

3．言之有理

发言时先说论点，再说论据，条理清晰，务必言之有理。首先要保证提出的观点正确，合乎常理。其次要保证所提供的论据有说服力，客观可靠。这样既有利于求职者自己组织材料，又可以给考官一个思路清晰、流畅有序、以理服人的好印象。如果是参加合资企业或外资企业的面试，考官是外国人，那么谈话要直截了当。

4．神态大方

谈吐是内心情感的语言表达，神态是内心情感的外表流露。所以求职者在交谈时除了注意自己的口头语言外，还要注意自己的神态语言，做到神态自然大方。尤其要避免出现一些神态不雅的习惯性动作，如回答问题时捂嘴，回答错时伸舌头等，如图 6-6 所示。交谈中对于咳嗽喷嚏无法控制时，应用手帕掩住口鼻，面向一旁，避免发出大声，之后向对方表示歉意。

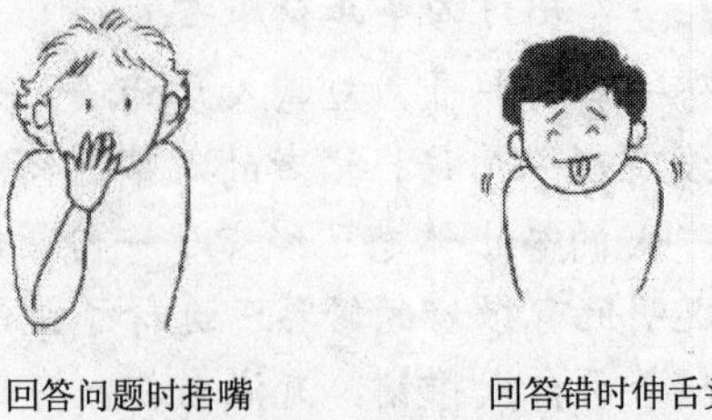

回答问题时捂嘴　　回答错时伸舌头

图 6-6　回答问题时避免出现的不良习惯

✪ 长见识 6-3

张扬的个性

一位女孩在应聘时列举自己的优点之一是“正直”。面试官要求她举出实际的例子来，她的回答是：“当我的班主任老师在安排做事的时候，如果我认为不正确，我就不做；如果不符合全班同学的利益，我也不做；如果与学校的要求冲突，我也不会做!”问题在于她的“我认为不正确”、“不符合全班同学的利益”、“与学校的要求有冲突”，都是按她自己的标准来划定的。这样一来，她对老师的态度让企业大失所望。如果一个人真想得到工作机会，就必须知道个性不能表现在上下级关系上，也不能表现在道德、纪律观念上。那很难让用人单位相信你的服从意识。

四、求职者的礼貌礼节

礼貌礼节是一个人知识和修养的外在表现，同时也可以反映一个人的道德品质。面试中要处处注意礼貌礼节，除恰当使用尊称和敬语外，还要注意：

1．提前到达

面试时求职者最好提前 30 分钟到达面试地点，以表达自己对求职的诚意。提前到达也是为了熟悉环境，稳定自己的情绪。而招聘人员是可以迟到的，求职者知道这一点很重要，否则，一旦出现这种情况，如果你的不满情绪流于言表，则不仅会影响自己的面试效果，而且招聘人员对你的初步印象也会大打折扣。

2．单独前往

有的应试者面试时，习惯带上同学或亲友前往，以消除紧张或给自己当“参谋”。其实这种做法对求职者是不利的。由于他人在场会使面谈尴尬，也会给考官留下你缺乏自信心、独立性不强的印象。

3．讲究卫生

讲究卫生是文明的标志，也是求职者对面试的重视和对考官的尊敬，是积极向上、热爱生活的表现。求职者不仅要讲究个人卫生，还要讲究公共卫生，如不随地吐痰、不乱扔废弃物、保持地面清洁等。

4．口腔无异味

面试属于人与人近距离接触，面试前不要吸烟喝酒、不吃葱蒜韭菜等辛辣食品，不嚼口香糖。要刷牙，用含茶叶、口香液等方式除去口中的异味。

第三节 面试解析

面试解析，就是将面试的全过程按着我们所要了解的重点内容进行分类，再通过具体分析掌握各个部分礼仪的基本情况和基本要求。

一、面试的内容

面试的过程就是对求职者的信息进行获取、评价的过程。那么主试人要获取求职者哪些信息？当然不同行业、不同职位要求也不同，但主要内容也有相通之处，大体有如下几个方面：

1. 背景情况

虽然每位求职者在“应聘人员登记表”上已经阐明了自己的基本情况，但是为了全面、深入地了解和考查，考官还会在面试中提出相关的问题。如求职者的家庭背景、学校教育、工作简历等。因而，求职者一定要对自己的基本情况准确、清楚地记住，不要与应聘表中所填的内容有出入或自相矛盾。只有回答准确，才会给人以诚实、可信的感觉。

2. 求职动机

有关求职的动机是面试中一项重要内容，考官一般从考虑未来是否能满足求职者各方面需求的角度来确定合适的人选。主要了解求职者为何到该单位求职，对哪种职位最感兴趣，在工作中有什么追求、需要和期望等。

3. 工作经验

应届毕业生没有工作经历不会被问及这方面的问题，对其他应试者而言，工作经验则是考察的重点。目的是通过了解应试者的工作经历，来掌握他过去工作的有关情况，如工作种类、工作经验和工作成就等，从中除了了解应试者的工作态度、工作能力和工作水平外，还会了解应试者的责任心、主动性、思考力、理智状态等，通过对这些问题的了解可以做出求职者能否满足应聘岗位要求的判断。

4. 专业技能

了解求职者专业知识的深度和广度，其专业知识和特长是否符合应聘岗位的专业要求，此项作为对专业知识考试的补充。

5. 仪表风度

即考查求职者的体格外貌、衣饰举止以及精神状态等。在企业组织中，对一般员工的招聘录用，仪表风度并不是一个重要内容，但对于管理阶层及公关、销售人员的招聘，对仪表风度则非常重视。一般五官端正、衣着整洁、举止优雅，具有较高修养、做事有规律、注意自我约束、责任心较强的人，往往被视为仪表风度合格的录用者。

6．事业心、进取心

事业心、进取心强的人，一般都有自己在事业上的奋斗目标，并为之积极努力。表现在工作态度上勤勤恳恳，表现在工作作风上务实开拓、执着进取，不安于现状，不敷衍了事。而对什么事都不热衷的人，是难以把本职工作做好的。

7．综合能力

这是面试中的又一重点内容，主要测试应试者对考官所提问题能否通过分析，用语言迅速准确地表达出来，并且说理透彻、分析全面、条理清晰。它主要包括：语言表达能力、反应能力、人际交往能力、自我控制能力等。语言表达能力，看求职者能否将自己的思想、观点、意见或答案顺利地用语言表达出来。反应能力，看求职者对主考官所提问题能否迅速、准确地理解并尽快做出相应的回答，而且答案简练、贴切，头脑反映机敏；考察人际交往能力，看求职者参加过哪些社团活动，喜欢与什么样的人打交道，在各种社交场所扮演的角色，以了解其人际关系的倾向和与人相处的技巧；考察自我控制能力，看求职者在遇到工作压力或上级批评指责时，能否有耐心与韧劲，能否理智、克制地对待，不致因情绪波动而影响工作。

✪ 长见识 6-4

特殊的考题——倒开水

一次面试快结束时，面试官向几名参加面试的人提出了一个看似荒唐的要求：在十五分钟以内，用一次性纸杯装满开水摆在他的面前。这个要求看上去很荒唐，因为在整个面试的大厅里没有纸杯，更没有电热水瓶、饮水机之类的设备，指定的时间又仅有十五分钟。当时，就有人表示他办不到，还有两人匆匆忙忙跑出门去，从马路对面的超市里买来了纸杯，却找不到开水，只好装了一杯矿泉水。只有一个人问明了大厅楼上是本公司的办公机构，立刻跑上楼。很有礼貌地敲开了办公室的门，要来纸杯，然后到开水房装满开水，立刻端下楼来，摆到了面试官的面前，时间才过去十分钟，这位求职者顺利过关。

8．兴趣爱好

考官需要从个性与工作的适宜性方面对求职者进行评价，通过了解求职者在休闲时间经常从事哪种活动，喜欢阅读哪些书籍以及喜欢什么样的电视节目，有什么样的嗜好等，可以了解一个人的兴趣与爱好，因为这些对将来所从事的工作是有影响的。

由于面试内容较多，无法逐一说明。表 6-1 是一张面试内容记录表，以供参考。

表 6-1 面试内容记录表

编号		姓名		性别		出生年月		
招聘单位								
面试内容	所占比重	评分标准		优秀	良好	中等	较差	很差
		具体指标		90-100	80-90	70-80	60-70	60 以下
身体外貌	20	健康与精力	10					
		气质	10					
知识经验	30	知识水平	5					
		实际经验	10					
		职业道德	10					
		专业知识	5					
综合能力	30	语言表达能力	5					
		反应能力	5					
		人际交往能力	10					
		自我控制能力	10					
个性特征	20	自信心	6					
		事业心	6					
		工作态度	4					
		情绪稳定性	4					
小计								
录取决定								

谈话中求职者应注意礼节，但不能走极端。对考官大献殷勤，对报考单位极尽吹捧之能事，只会引起考官的反感，因为诚实+坦率+智慧=好印象。

谈话中应试者要做到九个不要：不要谈政治；不要谈工资；不要冷场；不要支配招聘人员及话题；不要过多解释或抱歉；如果明确被告之因为某种原因不能被录用，不要软缠硬磨；不要当面询问面试结果；不要请求招聘人员帮忙；不要问招聘人员的学历。

二、面试过程的三个阶段

面试过程一般分为三个阶段，开始阶段、考问阶段和结束阶段。

1．开始阶段

该阶段，考官主要是考察求职者是否具备了作为一个“社会人”的基本素质。就是看求职者是什么样的人，看他的仪表风度、言谈举止、精神状态怎样。因而真正的面试自求职者跨进公司的大门就开始了，所以要重视开始阶段。求职者应注意以下几点：

1）礼貌进门。进入面试考场之前，应检查自己的装束，理清思路，平静心境，然后轻叩房门两下，当考官允许后方可进入。入室后，侧身将房门轻轻带上，然后缓慢转身，轻松自然地走向考官。

2）热情问候。见到考官应点头微笑，热情问候，自报家门如果考官主动伸出手来，就报以亲切而温和的握手，切忌主动去和主试人握手。

3）坐姿端正。当考官已经坐下，并请求职者坐下时，求职者才可以坐下。落座后，两膝并拢，将手放在膝头或沙发扶手上。坐姿要端正，面向对方，精神饱满，合乎规范。切忌不请自坐，更不要跷起二郎腿不停地摆动。简单寒暄后即切入正题。这一阶段的原则是礼貌、诚恳、落落大方、不卑不亢。

2．问答阶段

这是面试的实质性阶段。这时考官要从广泛的话题中来了解应试人员不同侧面的行为特征、知识水平、能力素质、心理特点等。因此，提问的范围较广泛，考官主要针对应试人的特点以及应聘单位的要求获取评价信息。这一阶段主要是通过“问”和“答”来进行的，因而要顺利通过这一关，就一定要做到：

1）充分准备，慎重出战。

2）注意倾听，机智应变。

3）沉着冷静，坚定信念。

4）扬长避短，显示潜能。

5）谦虚大方，态度诚恳。

6）掌握时间，适时答辩。

7）坦率应对，推己及人。

3．尾声阶段

这是面试的最后一个阶段，在这一阶段注意以下礼节：

1）要特别注意对方结束面谈的暗示，适时告辞。这一阶段，求职者表现得应更为礼貌和谦虚，对主试者表示感谢，对面试表示满意，对自己充满信心。

2）在主试者许可后，再与之握手道别。这时要机智地询问对方什么时候才能让你知道结果。

3）告辞时，要感谢对方给予你的这次面试的机会，面带微笑道声“再见”。

4）出门前再停下说声“谢谢”，然后离去，给人留下美好的印象，善始善终。

三、面试后的追踪

面试之后，有的应试者不是望眼欲穿等候佳音，就是垂头丧气地挥手“拜拜”。其实，这两种态度都不可取，正确的态度应保持一颗平常心，不要把成败看得太重，而要认真地对面试过程进行回顾与总结。

1．面试后的回顾与总结

应试者在面试后应该冷静下来，想一想自己哪些做得不够，采取什么方式可以使自己完美起来，从而取得理想的效果，为今后的面试也为今后的工作做好准备。下面是一组自测题，看看自己的面试自测成绩。回答每个问题，肯定的记 10 分，共计 100 分。

1）我的衣着、仪容是否整洁？

2）我的行为、举止、口语是否得体？

3）我是否态度诚恳、精力充沛，表现出能干的样子？

4）我是否认真倾听，有无做出让考官认为自己分神的小动作？

5）我是否轻松自然、自信沉着地控制着自己？

6）回答问题时，是否与题意相符？是否强调了三件最重要的事：我的意愿、能力和发展适应性？

7）我的谈话是否主题明了、语句准确、逻辑清晰、前后连贯？

8）我对考官的问题是否理解准确，回答是否迅速、正确、言之有理？

9）考官对我讲的话是否感兴趣？

10）我是否自如地回答了关于这家公司的提问？

通过自测，对自己的形象、知识、能力、心理素质、个性特点等要重新进行一次认识，从而发扬优势，弥补不足，以饱满的热情和信心面对机遇的选择与挑战，争取面试成功。

2. 给主试人留下更深刻的印象

作为求职者，按照国外的惯例，在面试之后应该向主试者表示感谢，以给主试者留下更深刻的印象。除了上文提到的，应在面试结束时，及时口头致谢外，还应在面试当天晚上或次日，给主试人（包括接待人员和其他一切给你友好帮助的人）寄去一封致谢函或打一个电话，都是很好的做法。面试后的致谢函或电话可以起到以下几个方面的作用：

1）它可以引起主试人对你的关注，从而加深对你的印象。

2）它可以澄清面试中出现的错误，消除对方对你的疑虑。

3）它可给你提供弥补遗漏信息的机会。在致谢函中，你可把有关的补充资料附上，可以起到确认、补充说明的作用。

4）它可以给你提供重申你具有这一职位资格的机会，同时又表达了自己求职的诚意，使主试人对你的求职动机与愿望更加明白，也增强了他对你的信心。

✪ 长见识 6-5

一个道谢电话

某个公司组织招聘面试，最后挑选出五名彼此不分上下的求职者，可是公司只能录取其中一人，怎么办？当天下午召开人事会议进行决策，会议出现异常的冷场：因为这五个人条件相当，令人难以取舍。与会者面面相觑，期待对方能推出最合适的人选。突然，会议室的门被推开，秘书小姐转告各位：“今天上午参加面试的曹先生，打电话来向各位道谢：‘面试的时候，承蒙各位的关照和指点，特以致谢。”话才说完，会议室中原来沉闷的气氛却忽然间活跃起来，“哎，就是他！”几乎每个人都这样说了出来。

一般致谢函要及时写好，最好在面试的当天晚上写好，次日就发出，发给负责面试者，内容要简明、扼要，表达对他给你面谈机会的谢意，强调你的诚挚与兴趣，设法使他对你知道得更多一些，更深刻一些，以使他可能对你的不经意的模糊形象清晰、闪耀起来。

思考与练习

1. 面试前应做怎样的心理准备？
2. 面试中如何做到谈吐文雅？
3. 谈谈面试中每一阶段的礼仪？
4. 面试中主考人最可能获取求职者哪些信息？

模拟训练

1. 请同学们分组模拟一次面试的每个阶段，然后谈谈自己在各个阶段的心态与体会。
2. 请同学们分组模拟面试场面，让每位同学作一次求职陈述。

读一读，想一想

小丽接到了一个外贸公司的面试通知。为了这次面试，小丽早早地做好了充分的准备——无论是求职信、个人简历还是面试着装，都请教过很多人，堪称完美的“备战”。

面试进行得很顺利。无论说起社会经历还是说起专业技能，主考官对她都很满意。就在面试接近尾声的时候，主考官忽然问：“小丽，我看你事先做了很充分的准备，这说明你对我们公司以及这个职位是很重视的。那你知道我们公司是从事哪方面业务的吗？”“这个……”小丽一下子就懵了。半晌，小丽才尴尬地说：“嗯，对不起，先生，因为我只想应聘总经理秘书，所以没有对这方面进行足够的了解……”

主考官微笑着说：“好了，我们今天的面试就到这里结束了。你可以走了。”

最终，小丽没有得到这份工作……

第七章 7 宴请礼仪

宴请是以餐饮为中心的社交聚会，它是人际交往中常见的交际活动之一。宴请大体上有三种：一是礼节性的；二是交谊性的；三是工作性的。宴请是社交活动的舞台，每个人都可能在这个舞台上扮演主人或客人，但无论扮演哪一角色，都要遵循宴请礼仪，因为只有这样才能展示个人的良好修养，表达对交往对象的敬重、友好和诚意。

第一节　宴请的筹办

宴请的筹办是一套要求严格、细致的工作。需要考虑的问题和落实的计划很多。比如：需要根据宴请的任务、目的确定宴请的种类；需要考虑宾主双方出席的规格及具体人员；需要决定是否邀请其他的相关单位或个人；需要选择宴请的时机；需要提前按计划发送请柬，对发出的请柬进行再确认等。这里的每一个方面和环节都不能有丝毫的粗心大意。否则，可能导致难以设想的负面效应。

一、宴请的目的、规格和种类

宴请的目的是为了社交，其名目是多种多样的，比如节庆聚会、工作交流、贵宾来访、会议闭幕等。

宴请的规格是指根据出席各方人员之身份、地位所确定的宴请的规模与档次。宴请的种类是指根据宴请的规格、性质和目的而选择的具体形式。宴请的种类一般包括：宴会、酒会、冷餐会、工作餐等。

宴请的规格与种类是密切联系、互相影响的，它们都受宴请目的的决定和制约。

1．确定宴请的规格

宴请规格对礼仪的影响是十分明显的。宴请规格确定的依据是这样的：首先弄清宾主双方谁是这次宴会活动的主动者，然后再根据主动者的身份地位来确定宴请的规格。一般来说，有以下两种情况：

一是客户突然来访，主人举行宴会，那么就应以来访者中身份地位最高者作为这次宴请活动规格的基本参数。主方出席的人员的地位与身份应当和客方相等或略高于客方。

二是主方有准备、主动发起的宴会，那么就应考虑是整个组织的集体的庆典活动，还是个别部门的业务交往需要，或者部门之间的友情宴请等。一般是以主方活动的性质和准备出席人的最高身份地位或客方可能应邀出席者的身份地位来确定宴会的规格。规格过低显得失礼，规格过高没有必要。

规格基本确定以后，就要根据规格和公关活动的性质、内容、目的来选择宴请的种类。

2. 选择宴请的种类

1）宴会。宴会是指有桌次、位次之分，围桌入座进食，由服务人员依次上菜的正餐。如果宴请的目的是为了给对方以较高的礼遇就应选择规格比较高、内容比较正式、氛围比较严肃的宴会。宴会，在我国是一种最常见的宴请形式，根据一天中举办的时间不同可分为午宴和晚宴两种。按照中国的古典传统，午宴比较正式、隆重；按照西方或现代中国都市的新习惯，晚宴更为正规。

2）酒会。亦称鸡尾酒会，以招待酒水为主，略备小吃。如果宴请是规格较高的庆祝性、纪念性活动，为了使各方能在轻松、活泼的气氛中交往、畅谈，则可选择酒会。酒会不一定都备鸡尾酒，但酒的种类应当多一些，一般不用烈性酒。食品多为三明治、小香肠、炸春卷等。酒会不设座椅，宾主皆可随意走动，自由交往；宾客到达或退席的时间也不受限制，可以自便。

3）冷餐会。冷餐会不备正餐，但可以有热菜；不排位次，可以设少量座椅，也可不设座椅。如果宴请规格不太高，或虽然较高，但出席者层次复杂、人员众多，比如礼节性、纪念性活动等，则可以选择冷餐会。宾主就餐时可随意走动，比较灵活地自由取食进餐。酒水可自取，也可由服务员端送。这种宴请形式的特点也是比较灵活，出席者比较轻松自由。

4）工作餐。工作餐是边谈工作边进餐的宴请形式。如果是以谈论或从事某项具体工作为目的的宴请则可选择工作餐。就餐人员大多是与某项特定工作有一定关系的领导、技术人员和其他工作人员，一般在日程比较紧张的情况下安排。工作餐可以分为工作早餐、工作午餐和工作晚餐等。

✪ 长见识 7-1

一顿受人称赞的午餐

某化工厂开始和日本某株式会社接触。日本客商经过全方位的考察和了解，有将一合资企业项目委托他们设计的意向。5月上旬，日方9位专家到该厂进行实地考察，希望对该化工厂的设计能力有具体的了解。为此，他们提出了30多项从宏观到微观的咨询。厂领导和专家逐一对答如流。中午用餐时，化工厂拿出一箱“康师傅”方便面，双方参加谈判的人员，每人捧一碗，吃得津津有味，食量大的还要了第二碗。一顿午餐，仅仅用了半个小时，日本客商交口称赞：既吃饱了，又节省了开支和时间。

以上几种宴请，并没有教条式的界限，至于选择哪一种形式应根据具体情况决定。

二、宴请的时间、地点和菜单

要给宴请选择一个“黄道吉日”，并不是一件容易的事情，但选择最佳宴请时间，争取最佳宴请效果，则是主方积极追求的目标，经过努力也是可以做到的。

1. 宴请时间的选择

1）根据需要选择时间。太早或太晚都会减弱甚至丧失宴请的意义。例如，开业志庆的宴请活动如果提前一年或推迟一年举行，其负效应就可想而知了。

2）应避开逢年过节。如果需要安排的宴请恰好是在逢年过节，就应想法尽量避开，以免与其他组织的宴请活动或其他庆典活动发生冲突，影响原定的规格、范围和效果。

3）要避开禁忌日。选择时间还应当尽量避开对方的禁忌日。例如，邀请外国人赴宴，应尽量避开每月的13日，因为一些外国人把“13”看成是一个不吉祥的数字。

2. 宴请地点的选择

宴请活动举行的地点可以根据宴请活动的目的、性质、规模、形式以及主人意愿和实际可能进行选择。比如官方活动、较为正式和隆重的宴会，一般安排在会议大厦或宾馆内举行。此外，应注意以下三个方面的问题：

1）卫生。用餐地点不一定非要五星级宾馆，但必须卫生、干净。

2）方便。一方面，交通要方便，让客人容易到达；另一方面，停车要方便，让驾车赴宴的客人能找到停车的地方，否则会影响宴请准时进行。

3）安全。一定要考虑到某些可能出现的意外情况，给客人提供一个安全的用餐环境。

3. 宴请范围的确定

首先，宴请的范围应尽量适合宴请的目的、内容、性质等方面。范围过大，会造成浪费；太小，会影响以后的社会交往。

其次，将被邀请赴宴的单位和组织确定以后，就要考虑前来赴宴的人数，人数应当尽可能少一点。

再次，在邀请时，应尽量避免互有“敌意”的双方出席同一宴会，特别是比较小型的宴会，否则会造成尴尬的局面，影响和气；如遇这种情况，不妨分开宴请。

最后，为了便于交谈，每人都应有谈话对象，作为主方要有意识地考虑到出席宴请的人数应是偶数。除工作餐外，可邀请宾客的配偶一道出席，这不但体现了主方的礼节礼貌，还会使宴请轻松愉快，也有助于交往活动的开展。

4. 宴请菜单的确定

当确定了宴请对象、规格和范围后，就应考虑如何订菜。为了尊重宾客，选菜应主要考虑来宾的饮食偏好和口味。而且，特别要认真考虑禁忌。世界各国、各民族的饮食禁忌是有差别的。事前作好充分考虑和安排是会收到很好的礼仪效果的。大型的宴会，为了照顾各地区、各民族的特殊需要，必须分灶制作。菜谱选好后，应印制一些精美的菜单，一般每桌放置三五份，也可以一人一份。

三、请柬的制作和发送

印制和发送请柬，是主人正规而有礼貌的一种邀请方式。从礼仪的角度说，除工作餐可现场告知外，其他比较正式的宴请都应发送请柬。

大型宴请可以单位名义发邀请，也可以个人名义发邀请；小型宴会可以个人名义或夫妇名义发邀请；工作餐可以单位名义发邀请。请柬的内容视情况可简可繁，原则是简明扼要，内容包括宴请的缘由、时间、地点以及桌次、位次、服饰要求等。

请柬的发送一般要尽量早一点，需提前 1～2 周，以便让被邀请的宾客有充分的时间对自己的日程进行安排和调整。这样有利于宴会如期按预定规模举行。

为了表达主人的真诚，减少失误，在宴请之前，还应打电话给被邀请者，询问一下请柬是否收到，对方能否出席等。如果对方能出席，应向对方表示感谢；如果对方不能出席，应表示理解。如果是小规模的且十分必要的宴请，应与不能出席的被邀者商量是否可以改期前来，等等。

✪ 长见识 7-2

几种个人之间常用的邀请技巧

当面邀约与电话邀约的技巧很多，这里略举其中几种供大家了解。

第一种，开门见山。例如“张经理，下午六点我和几个朋友在朝阳酒楼吃饭，他们也很想结识您，请您务必赏光。”或者“喂，张经理吗？我是老王，我和几个老板正准备去朝阳酒楼吃饭，过来认识几个朋友吧，我们等你啊!”

第二种，借花献佛。以自己有什么喜庆的事为由发出邀请。

第三种，声东击西。故意拖长拜访时间，然后再发出邀请。例如：“张经理！我们这一谈不知不觉就到五点了。这样吧，附近有家朝阳酒楼，味道不错，环境也挺安静，不如我来做东，我们过去边吃边聊。”

第四种，诱“敌”深入。例如“张经理，您是北方人吧？”……“我虽然是南方人，却特别喜欢东北菜，其中有一道什么骨头，一上桌酱香扑鼻，想想都让人嘴馋”……“对，对，就是‘酱骨架’，您一定也喜欢吃。我知道一个地方，那儿的东北菜非常地道。这样吧，我们现在就去尝尝。”

第二节　餐厅的安排

宴请的筹办敲定后，接下来就是餐厅的安排。无论是中餐宴会还是西餐宴会，其餐厅安排都是一样的：一是安排桌次及每一桌的（席）位次；二是安排餐具摆台；三是安排迎宾。这些安排都有比较严格的礼仪规范。对于桌次位次及迎宾安排，主方都应在事前先通知出席人，使他们胸中有数。主方对桌次、位次排列的基本原理，应当有足够的认识和了解，在实践中严格运用。

一、中西餐的桌次与位次

1. 中餐的桌次排列

中餐的新式餐桌大多是圆桌。当正式宴请的餐桌在两张以上时，就应该比较严格地按一定的礼仪次序进行排列。排列的方法主要有横排、竖排、花排等，具体采取哪一种排法应根据场地和美观的原则来确定。常见的排次方法如图 7-1～7-12 所示，图中圆圈里的序号就是桌次的高低序号。分析序号可以掌握排列规律。

图 7-1　两桌横排

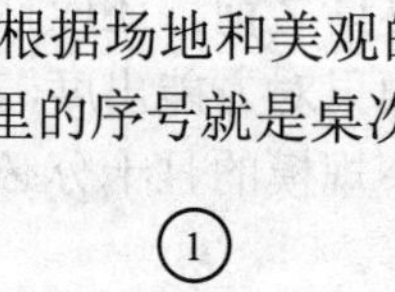

图 7-2　两桌竖排

图 7-3　三桌横排

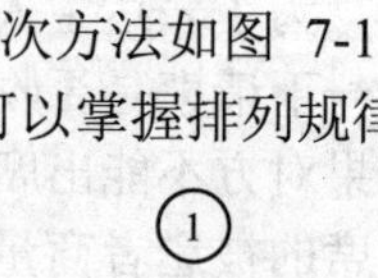

图 7-4　三桌花排

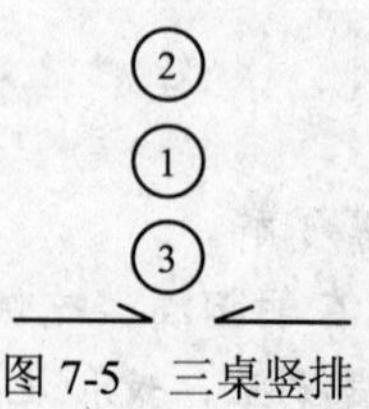

图 7-5　三桌竖排

图 7-6　四桌横排

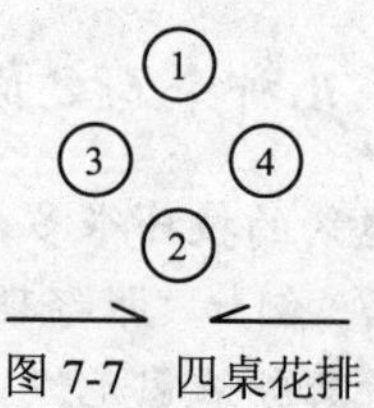

图 7-7　四桌花排

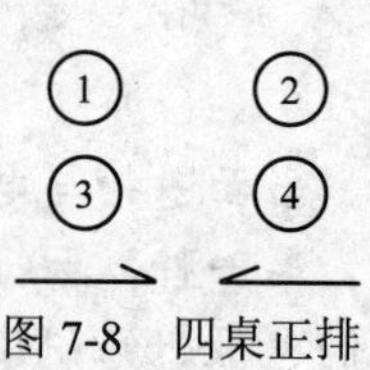

图 7-8　四桌正排

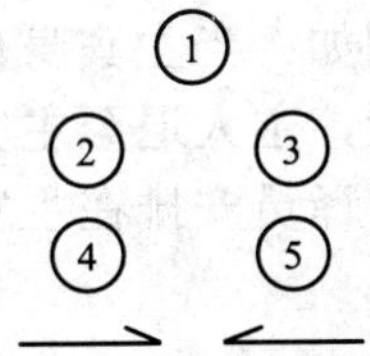

图 7-9　五桌竖排

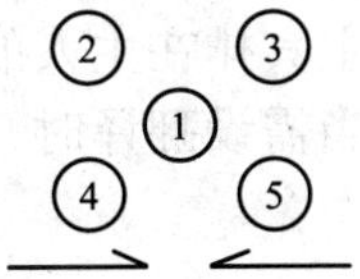

图 7-10　五桌花排

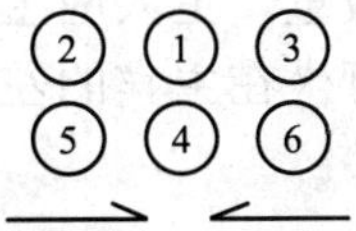

图 7-11　六桌横排

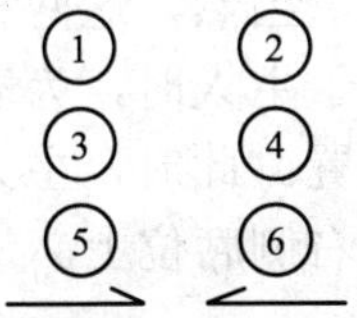

图 7-12　六桌竖排

2．西餐桌的设置

西式宴会一般采用长桌，桌子的设置方法可以根据用餐人数的多少和场地的大小而定，常见的设置方法如图 7-13～7-16 所示。

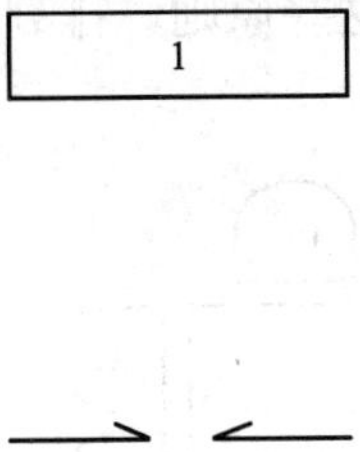

图　7-13

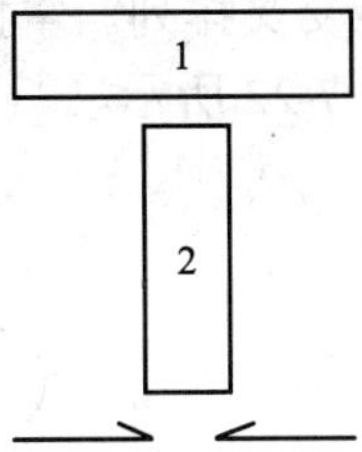

图　7-14

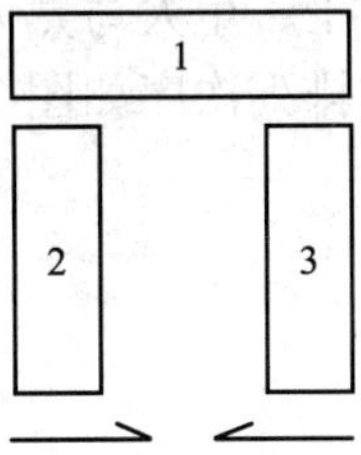

图　7-15

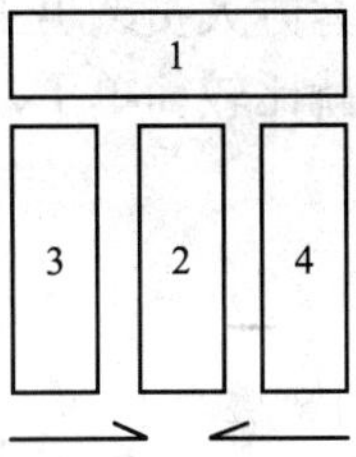

图　7-16

无论是中式宴会还是西式宴会，决定餐桌高低次序的依据是：主桌是以大厅正面的主席台为准，根据桌数的多少以居右、居前、居中的原则确定。其余桌次的高低以离主桌的远近而定，近者为高，远者为低；平行者以右桌为高，左桌为低。

3．中餐位次的排列

位次的排法是最为严格的，举行正式宴会时一点也马虎不得，“将就”不得。否则，会得罪宾客，宴会的客观效果会与主方举办宴会的目的相反。

1）每张桌上有一个主位的排列方法：每张餐桌只有一个主人，主宾在其右侧就座，形成一个谈话中心，如图 7-17 所示。

2）每张桌有两个主位的排列方法：如主人和夫妇就座于同一桌，以男主人为第一主人，女主人为第二主人，主宾和主宾夫人分别坐在男女主人右侧，桌上形成两个谈话中心，如图 7-18 所示。

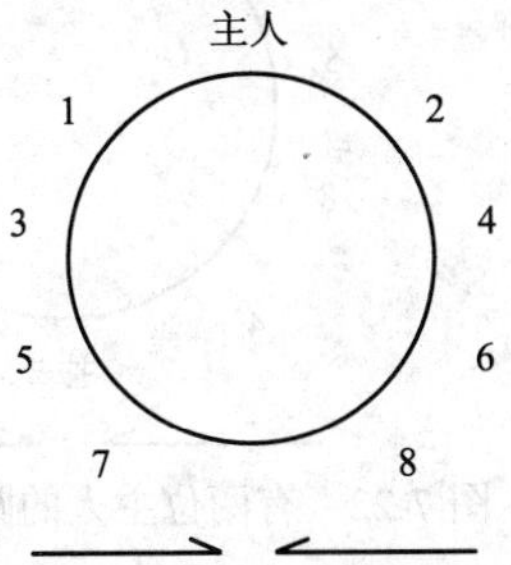

图 7-17　一个主位的排列

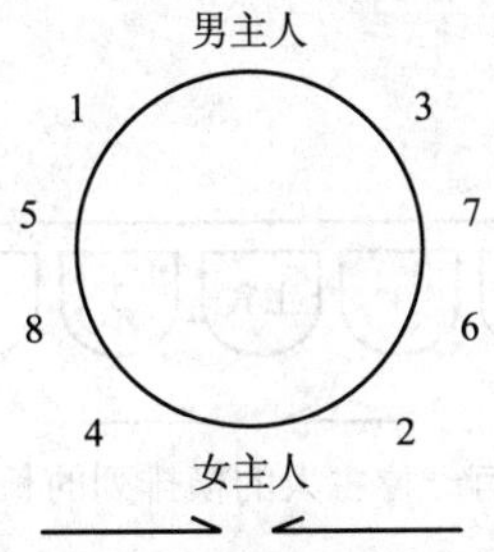

图 7-18　两个主位的排列

当然，这两种排法也不是绝对的，必要时应灵活掌握。例如：当主宾身份高于主人时，为表示敬重，主人应主动将主宾排在主人的位置，主人退至主宾位置。此时，主人也可坐在主宾的左侧。当需设翻译时，可将译员安排在主宾的右侧席位上。

4．西餐桌的位次排列

西餐桌的位次排列是：右高左低；女士优先，主位一般请女主人就座，而男主人则须居第二主位；恭敬主宾，请男主宾、女主宾分别紧靠着女主人和男主人就座；距主位近的位子高于距主位远的位子；面门为上位；交叉排列，主方人员与客方人员、男士与女士、生人与熟人均应交叉排列。掌握了这些原则，排列起来就比较简单了，具体排列次序如图 7-19～7-22 所示。

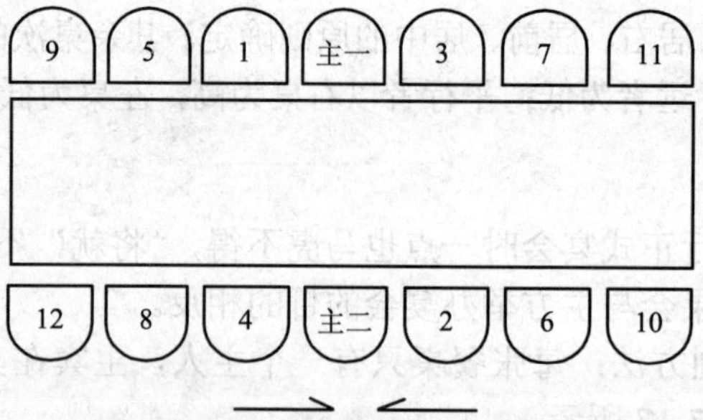

图 7-19　有两位主人的横排列的长桌位次

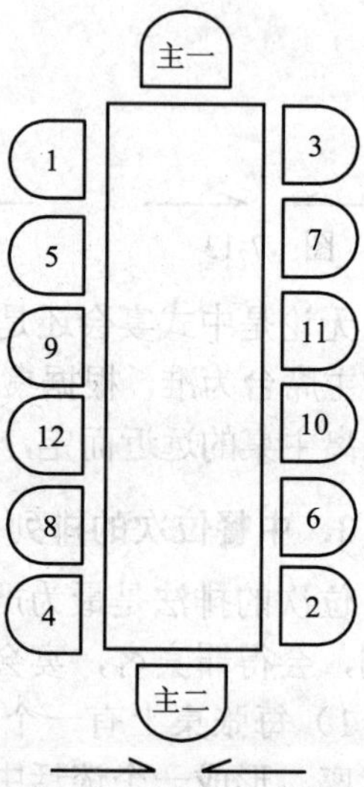

图 7-20　有两位主人的竖排列的长桌位次

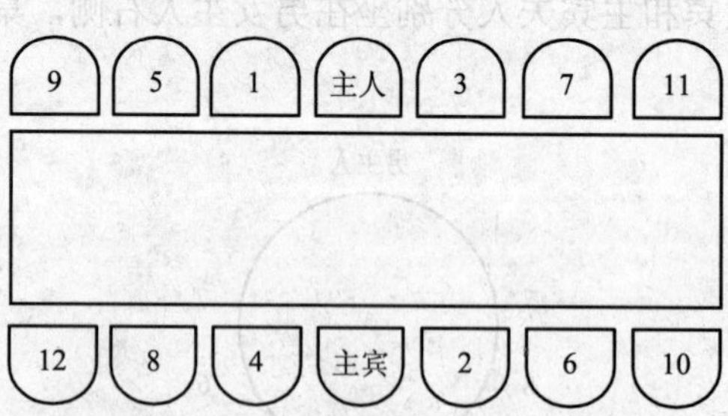

图 7-21　有一位主人的横排列的长桌位次

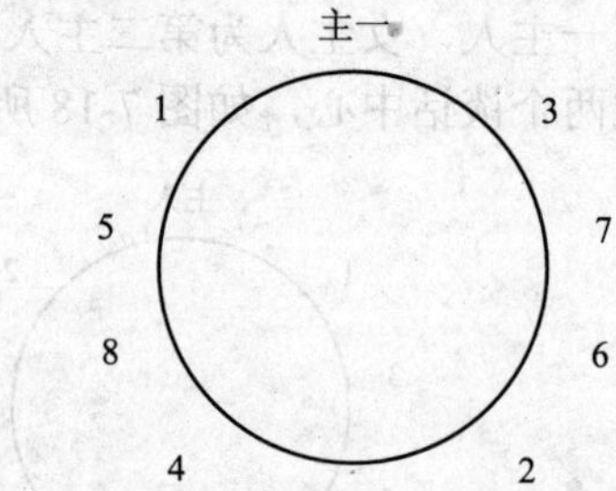

图 7-22　有两位主人的圆桌排列的位次

西式酒会也有不设方形席桌，而用茶几或小圆桌的。在这种情况下，除了为病残人员设有座椅外，均不设座椅，所以不必考虑位次排列。进餐者可随意走动，自由取食。

二、中西餐具的摆台

摆台是指把各种不同的餐具、酒具等用餐时必备的器具按一定的规范摆放在席桌上。摆台是宴请活动中必不可少又要求很高的一个礼仪程序，了解它的意义主要有两点：一是必要时对餐饮服务人员的准备工作以指导；二是自己参加宴请活动时对不符合规范的餐具摆放进行自我调整，使用时不致失态、失礼。

由于各国、各民族的习俗不同，摆台并无统一的要求，但是，无论是中餐还是西餐的摆台，各国各地区总有一些共同认可的基本摆法。因此，对这些基本的摆台方法应该了解。

在讨论具体的摆台样式之前，先来简单地熟悉一下中式餐与西式餐所用的主要餐具。

比较而言，中式餐的餐具较西式餐的餐具要简单一些，主要由筷子、饭碗、碟子、调羹、汤碗、圆盘、条盘等组成。

西式餐的餐具可谓多种多样，仅用手持取食的餐具就有刀、叉、匙三大类以及各种专用器具。

正式西餐的酒具也有比较严格的划分，主要有葡萄酒杯、白兰地酒杯、鸡尾酒杯、香槟酒杯四大类。在盛酒时，白兰地、鸡尾酒，应将酒杯倒满（约 4/5 杯），葡萄酒和香槟酒则不能倒满。

对各种餐具有了大概的了解以后，再来简单了解，中餐的主要摆台样式和西餐的主要摆台原则。如图 7-23、7-24 所示。

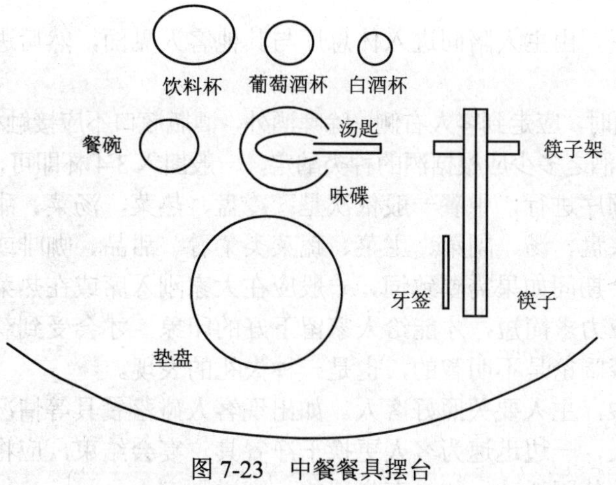

图 7-23 中餐餐具摆台

图 7-24　西餐餐具摆台

西餐摆台比较复杂，常见的有英美式西餐摆台、法式西餐摆台和国际式西餐摆台。

世界上高规格的西式宴会的摆台是基本统一的。各式西餐摆台的一些共同原则是：垫盘居中，叉左刀右，叉齿向上，刀口向内，盘前横匙，主食靠左，餐具靠右，其余用具酌情摆放。酒杯数目与上酒的种类相等，摆法是从左至右摆放烈性酒杯、葡萄酒杯、香槟酒杯、啤酒杯等。

三、迎宾赴宴

为了入场有序，工作人员可事先将大型宴会的桌次排列简图制好挂于宴会厅门口，或向每一位宾客发送一份桌次简图。

当宴请时间将至，主人应在门口迎接客人；必要时还可安排几个主要人员陪同迎接。当宾主握手寒暄之后，交由工作人员陪同至休息厅休息。引入休息厅的客人应由身份相应的人员照顾，并安排服务人员上茶水饮料。如无休息厅，可将客人直接引入餐厅，但暂不入座，等待主宾。

宴会入场时，工作人员、服务人员应在门口迎客，向客人致意，然后引导客人入座。

主宾到达后，由主人陪同进入休息厅与其他客人见面，然后进入宴会厅，宴会即可开始。

向客人斟酒时，应走到客人右侧，除啤酒外，酒瓶瓶口不应接触杯沿，酒杯也不应提起。斟入的酒之多少应根据酒的种类酌定，一般斟入 3/4 杯即可，不要超过 4/5。

上菜应按顺序进行，中餐一般依次是：冷盘、热菜、汤菜、甜食和水果。西餐一般依次是头盘、汤、副菜、主菜、蔬菜类菜肴、甜品、咖啡或茶。

主人在宴会期间如果需要致词，一般应在大家刚入席或在热菜之后、甜食之前进行，致词应力求简短，才能给人家留下好的印象，才会受到欢迎；在宴会上长篇大论或高谈阔论是不明智的，也是一种失礼的表现。

宴会过程中，主人要关照好客人。如出现客人碰落餐具等情况，不可慌乱，应一边安慰客人，一边迅速为客人更换干净餐具。宴会结束，应将客人送出宴会厅，或安排别的休闲活动。如果有告辞的，则送别客人。

第三节　宴会的进行

出席、享用正式的宴席，并不是一件十分轻松容易的事情。宴席过程中的一举一动、一颦一笑都须掌握必要的礼仪分寸。它既可能展示我们良好的礼仪修养，又可能将我们的不足之处暴露出来。因此，了解和掌握一些有关如何赴宴、如何使用餐具、如何取食进餐等方面的常规礼仪，对于在宴席上得体自如地表现自己，塑造自己的良好形象是十分必要的。

一、宴前礼仪

1．按时赴宴

当你收到请柬决定赴宴时，就应牢记对方宴请的时间和地点、搞清行车或步行的路线及所需要的时间，以保证能按时到达。须知，只能早于不能晚于对方规定时间的二三分钟，过早或过晚不仅对邀请者是失礼的，而且也有失自己的体面；如果请柬上注有桌席号码，更应牢记在心，以免到时乱找座位或坐错席位，闹出笑话。

2．礼貌入座

到达宴会厅，应向迎接的主人表示谢意和问候，待主人和主宾入座后，再在自己的席位处从座椅的左侧入座。如图 7-25 所示。

图 7-25　从座椅的左侧入座

女士的坤包应放在身体和椅子的靠背之间或用自带的提包挂钩钩吊在右侧桌沿上。入座后，坐姿要端正，不要用双手托腮支于桌面或将两手前臂平放席桌之上，可以将手放在膝上或椅子的扶手上，前胸距餐桌约 20cm。不要在餐桌上东张西望，也不要急于翻菜单、摆弄餐具或餐巾等，这样会有失风度。

3．正确使用湿巾和餐巾

用餐前，服务人员一般要为每人送上一条热的湿毛巾，这是供给进餐者擦拭嘴角和双手用的，不可以用于洗脸、擦脖子、揩手背等，否则是失态的。如果席桌上设有湿毛巾，擦完手之后，就应将双手的腕部靠于桌沿，不要再将双手放于膝上，更不可将其夹于两腿之间，这样既不卫生，又不雅观。

如果桌上设有餐巾，当主人示意用餐开始时，方可将餐巾全部打开或打开到对折为止，平摊在自己的腿上，注意，那种将餐巾塞在领口内或插在裤带上的古典式做法早已不合时宜。

可用来擦拭嘴的餐巾，也可以在吐出鱼骨或水果核时，用来遮住嘴巴。

客人在用餐完毕后应该先将腿上的餐巾拿起，随意叠好，再把餐巾放在自己桌面的左侧，然后起身离座。

4．相信餐具干净

在正式宴会上，用餐前，切忌用餐巾或餐巾纸擦拭餐具、酒具等物品，那是对主人的不信任、不尊重行为。要知道，在一些国外的高级酒店，假如你擦拭餐具，服务人员就会将原来的餐具撤下，给你换一套新的，假如你再擦，服务员又会再换，这样没完没了，对双方都没好处。应当相信，大型正式宴会的餐具都已经严格清洗和消毒。

二、中西餐餐具的使用

1．中餐餐具的使用

筷子是在中餐宴席上使用最多的就餐工具。要正确使用筷子，手不要将筷子握得太高或太低，筷子上端露出手背 3cm 左右比较合适；握筷子时不要给人以“张牙舞爪”的感觉，各手指应轻松自然地贴在一起。进餐时要讲究用筷礼节。如图 7-26 所示。

图 7-26　手握筷子的正确姿势

✪ 长见识 7-3

用筷十二忌

一忌窥筷，即手握筷子，目光在餐桌的各盘碗上扫来扫去。

二忌搅筷，即在菜盘里挑拣或上下翻动。

三忌叉筷，即叉起菜肴往嘴里送。

四忌碎筷，即用筷子捣碎菜肴。

五忌泪筷，即筷头上的卤汁在持筷途中像泪水一样滴淌。

六忌签筷，即用筷子当牙签，挑捅牙缝。

七忌吮筷，即用嘴吮、舌舔筷头上的卤汁。

八忌改筷，即夹住菜肴又放下，再夹另一种。

九忌传筷，即利用自己用过的筷子传递菜肴。

十忌训筷，即用筷子指点着跟别人说话。

十一忌插筷，即把筷子插在饭碗里。

十二忌击筷，即用筷子互相敲击，或击打碗、盘、杯、碟、桌面。

若是你已经酒足饭饱不想再进食，可以将筷子横搁在面前的碟子上，主人见此就不会勉强你继续进食。

2. 西餐餐具的使用

1）刀叉的使用。使用西式餐具一般是左手持叉，右手持刀。西餐所用的刀叉很多，一般的摆放顺序是根据上菜的先后顺序从外到内摆放的。用过一道菜之后，服务员就要将相应的刀叉撤走，所以，一定不要乱了使用刀叉的顺序，以免到时餐具不够用或用不上，陷于难堪。

用刀时应将刀头放在手心，将刀握紧，食物一般应切一块吃一块；切食物时应尽量避免餐刀撞击盘子发出声响。餐刀是专用来切菜肴的，不能用刀直接将食物送入嘴内。也不要将叉齿完全插入嘴里，在进食时，嘴唇不碰及叉齿是最为标准的。

当你用某道菜时，如果中途需放下刀叉，应将刀叉在垫盘上放成八字形，注意：一定要刀口朝内，叉齿朝下，以示你将继续使用这道菜，否则，服务员有可能将其撤走。如果你不想再吃某道菜，则应将刀叉平行摆放在菜盘上，注意刀口向内，叉齿朝上，等待服务员撤走。

2）汤匙的使用。西餐用匙也有讲究。首先，不要用嘴直接到盘里或碗里喝汤；其次，喝汤时，应右手持匙，左手扶盘或端碗，由内向外朝餐桌中心方向舀取汤汁；喝汤时，只能将汤匙的三分之一放入嘴里，不要使劲吮，以免发出声响；最后，如果汤水太热，不可用嘴吹，应稍等一下，待汤水凉了以后再喝；喝完汤后，应将汤匙放在盘内，注意匙心朝上，匙柄放于右边边缘。

3）专用小刀的使用。面包往往是西餐的主食，如果不需要黄油、果酱，可以用手将其掰成小块后拿起来吃。如果需要，不能手拿面包块直接去蘸黄油、果酱，应用专用小刀抹在面包块上，然后再吃。无论需要不需要黄油、果酱，都不要用嘴直接啃整块的面包。

4）精制小水盂的使用。当吃烤鸡、螃蟹、龙虾等需要动手撕着吃的食物之前，主人或服务人员一般要给每人送上一个用银、铜、瓷器或水晶玻璃精制的小水盂，水面上漂着柠檬片或玫瑰花瓣，这是专供用餐者洗手指头用的，千万不能把它当成饮料将其喝掉，以免闹出笑话，让同桌人恶心。当两手的手指头轻轻涮洗完后，应用餐巾将手擦干，再用手取食需要直接动手的食物。

三、宴中礼仪

1. 斟酒

在宴会上，酒选定后，便有服务人员前来斟酒。有时，主人为了表示对来宾的敬重、友好，还会亲自为其斟酒。

当主人亲自斟酒时，来宾必须端起酒杯致谢，甚至是起身站立或欠身点头致谢，也可以使用“叩指礼”，即右手拇指、食指、中指捏在一起，指尖向下，轻叩几下桌面表示谢意。

主人为来宾斟酒时，要注意以下四点：当场启封、一视同仁、顺序得当、斟酒适量。

在正式场合，除主人和服务员外，其他宾客一般不要自行给别人斟酒。

2. 敬酒

敬酒，亦称祝酒，是指在正式宴会上由主人向来宾提议为了某种事由而饮酒。在敬酒时，通常要讲一些祝愿之言。

酒席开始，主人往往在讲几句话后便开始了第一次敬酒。在主人站起来敬酒时，宾客都应该起立。举杯祝福后，主人会先将杯中的酒一饮而尽，然后客人再跟着饮。这时，就算你平日不喝酒，也要端起酒杯喝一小口。主人亲自向客人敬酒并干杯后，客人应当回敬主人，与他再干一杯。

需要说明的是，在宴会上，不论是主人还是客人都应做到“祝酒不劝酒”。

要注意干杯的礼节。干杯时，应将酒杯杯沿举至与眼睛同高的高度。如果是玻璃杯，不应相碰。如果对方是尊者，应自觉在示意碰杯时将杯子举得比对方稍低一点。一般正式场合的干杯可将杯中的酒饮去一半，然后双方再对视一下。

3. 交谈的礼节

一般说来，主、宾双方一一致词、敬酒完毕后，宴会即进入比较宽松、自由的阶段，此时大家可以毫不拘束地互相交谈，但仍要注意礼仪。

在宴会上，主人的责任是使席间的谈话始终活泼而风趣，每个客人都不受冷落。身为客人，至少应该在宴会开始前、结束后向主人打一个招呼，告诉他你来了或走了。需要注意的是，在宴会前后及其举行期间与他人进行交谈时，不要仅仅限于一个人或某一个小圈子。

在选择交谈的话题时，应注意其大众性、趣味性和愉悦性，对那些过于专业、晦涩难懂的话题应该予以回避。如果主人没有带头谈起公事，那么你就不应主动提起。如图 7-27 所示。

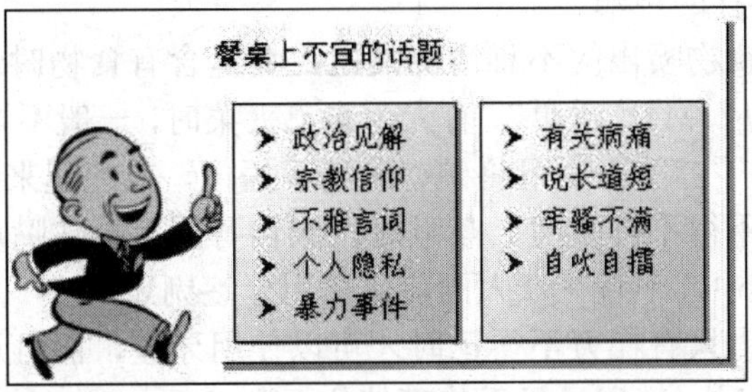

图 7-27　餐桌上不宜谈论的话题

4. 中餐夹菜的礼仪

在宴会上用餐时，夹菜的礼仪不能忽略，因为你的优雅风采往往是从这些最微小的细节之中体现出来的。

一道菜上桌后，你应该等女主人、女贵宾、主人或者长者动手之后再去取食，而不要菜一端上来自己就先动起筷子来，这是不礼貌的。

夹菜的时候，你的肘部应该尽量贴近自己的身体，不要两只胳膊不顾一切地往外张开，以免妨碍邻座的人。

在宴会上不宜过于频繁地夹菜，所以你不要刚夹一样菜放于盘中，紧跟着又夹另一道菜。

5. 西餐进餐的礼节

1）酒随菜走是西式宴会的一条重要原则。一般来说，吃肉上红葡萄酒，吃鱼上白葡萄酒。

2）吃水果的礼节。用餐快结束时，一般要上水果。吃水果也应懂得一些规范性常识。苹果、梨等水果，应先用刀切成数块，然后再用刀去除皮核；削皮除核时，刀口应向内、由外往里削；削好皮后，可用手拿着吃，也可用叉叉起来吃。吃香蕉时，应先用手剥皮，再用刀切成小块，用叉叉起来吃；不能用手将整只香蕉拿起来吃。吃葡萄时，应将葡萄一颗颗揪下来吃，不能整串拿着吃。吃桔子时，可以用手剥皮后，一瓣一瓣拿着吃。吃广柑时，应将其先用小刀切成块，去皮后再吃。吐出的果核应该用手先接住，再放于盘沿，不可直接吐于桌面或地下。西瓜通常是主人洗净切成块之后送上来的，吃时应先削掉皮层，削时刀口须向内；然后再切成小块，用叉取食。

6. 宴会中应注意的其他礼节

1）用餐过程中，如意外地将酒水、汤菜、果汁等溅到邻座的身上，应连声致歉，并谨慎地协助其擦干。如果邻座是异性，可将自己干净的手帕或餐巾递给对方，请她自己擦掉。

2）用餐时，吃相需文雅得体。无论吃中餐还是吃西餐，也无论吃何种食物，嘴巴都不应发出异样的声响。

3）为了防止食物喷出的不雅情况发生，嘴里含有食物时最好不要说话。他人请自己用菜时，应说声“谢谢”。有人为自己夹菜时，一般不要拒绝；实在不要，可用手示意表示够了；千万不可将碗、碟用手捂住，或端起来藏于桌下、身后。

4）如果席间不得不打喷嚏、咳嗽时，应转身用手捂住嘴鼻；并向邻座表示歉意。在用餐过程中，不宜在众人面前张嘴用牙签剔牙。

5）在宴会上，只有在万不得已时才可以使用牙签，而且还要尽量回避别人的注意，实在需要时，应用一只手将嘴挡住再剔。

6）用餐过程中最好不要离席。如需离开时，应将餐巾放在座椅上，用餐完毕才可将餐巾放在桌面上。如果用餐途中需上厕所，一般不应直接说去上厕所或去洗手间之类的话，最好是说：“对不起，我得去打个电话，一会儿回来。”或“对不起，事先与人约好，让我现在打个电话给他，失陪一会儿。”即使与邻座的人很随便，关系很好，也最好用含蓄一点的说法，以示文雅、礼貌。

如果是进西餐，当发现主人将餐巾放在桌面上时，那就意味着客人可以起立离席了。

四、宴后礼仪

1．喝咖啡的礼节

西餐用餐结束后有时也在席间为客人配有咖啡；有些会议进行过程中，也有专门的饮用咖啡的时间。因此，大家有必要懂得一些喝咖啡的常识。

1）饮用咖啡的器具。这包括托盘、咖啡杯、小匙等。正式的咖啡杯一定是陶瓷的，不能是玻璃杯。

2）饮用咖啡的基本程序。先将咖啡杯置于托盘上，盛入咖啡；再根据自己的习惯、爱好决定是否加糖和牛奶；如果需要加糖，应用专用糖夹将方糖夹入咖啡杯中；如果加奶，先将适量牛奶加入咖啡中，然后用小匙轻轻搅拌均匀后，将小匙取出放于托盘上，千万不可放于杯内；再用左手端起托盘，将托盘端至齐胸的高度；右手持盘中杯耳，将杯端离托盘慢慢品饮，切忌一饮而尽，切忌用小匙一匙一匙地舀咖啡喝。因为这些做法都是不规范的，也是失礼的。喝完咖啡后，应再将杯子置于托盘中，将托盘放在桌上。

2．告退的礼节

参加宴请活动，怎样告退也有学问。告退不宜过早也不宜过迟。如果自己是主宾，应当先于其他客人向主人告辞，否则，会给想早点回家的客人带来麻烦；但也不能太早，太早了是对主人的不礼貌。一般来说，主宾应该在用完餐之后，移至客厅，再呆20分钟左右即可向主人告退。

如果自己是一般客人，则不要先于主宾告退，否则，对主人和主宾都很不礼貌。无论是主宾还是普通客人，如果有要事非离开不可，应向主人、主宾或其他客人解释，以求谅解。

思考与练习

1. 宴请可分为几种?
2. 选择宴请地点应考虑哪些问题?
3. 中西餐的餐桌和位次怎样排列?
4. 使用中西餐的餐具应忌出现哪些现象?

模拟训练

1. 请同学们模拟一次中餐宴会的礼仪，让大家观摩并评论。
2. 请同学们分组表演在宴会上曾见到过的不文明不礼貌的现象，然后讨论其不雅之处。

读一读，想一想

丁健是一家公司的总经理。一天，他应邀参加一个大型的宴会。宴会的主人是一家大型跨国公司的董事长，所以应邀而来的客人也全是社会名流和商界精英。

宴会上，丁健就坐在主人的旁边，而他的斜对面是一个年轻人。经过介绍，丁健了解到这位年轻人是主人麾下的得力干将，也是商界的后起之秀。丁健与年轻人攀谈起来，他觉得这位年轻人非常聪明、有个性，他很希望和这个年轻人交个朋友，但是宴会开始之后年轻人的表现却让他瞠目结舌。只见年轻人把他的肘放在桌子上，用他的筷子在空中挥舞，含着满嘴东西说话，把碎屑喷得四处都是……很显然，这并非一个令人愉快的场面或经历。

事后，宴会的主人就此事对丁健说道："我必须做点什么来改变这个年轻人糟糕的餐桌礼仪。我不能让他在和我们的顶级客户用餐时有这种表现。"他顿了顿，接着说道："我想我应该使我的员工知道餐桌礼仪的重要性。"丁健若有所悟地点了点头，心想："现在也是应该好好教导一下自己员工的时候了，要让他们抓紧时间恶补一下餐桌礼仪方面的知识，要不然公司的损失可就大喽!"

第八章 8 办公礼仪

办公室是负责办理公司（部门或单位）对内对外日常事务的职能部门，因此处理的事务繁杂、头绪众多。讲究办公礼仪，一方面是建立快捷、高效的工作秩序；另一方面是为办公室工作人员的职业生涯创造和谐的人际环境。

第一节　办公室礼仪

一、办公室职责礼仪

办公室职责是办公礼仪的基础，办公室工作人员共同尽到自己应尽的职责，就是对自己和他人、部门和单位的最大尊重，否则，一切办公礼仪就无从谈起。各类办公室的职责大同小异，具体说有以下两个方面：

1. 外勤职责

1）负责办公室事务性工作，协助主任做好办公室日常工作。

2）负责公司文秘及文字工作。组织起草公司文件、报告、总结及对外宣传等方面的文案材料。负责对公司各部门的专业文件、报告等进行文字把关、校对，做好上呈下达。

3）参加公司办公会议、专题会议和其他综合性工作会议，做好会议记录及材料整理。

4）负责公司员工的生活福利及后勤服务工作。

5）负责各部门劳动纪律、考勤、办公区域卫生的监督检查。

6）完成领导交办的其他事宜。

2. 内勤职责

1）负责文件的收发、登记、传阅和保管。负责报刊的收发工作，做到准确、及时。

2）负责公司办公设备的维修、保养。

3）负责日常打字、复印及校对工作，并做好登记。

4）负责公司档案资料的收集、整理、保管及借阅。

5）负责企业年检、资质管理、投资计划申报等相关具体业务。

6）负责公司合同管理，做好保密工作。

7）有计划地做好办公用品的购置、发放和保管。

8）负责办公室及总经理室的日常卫生。

9）完成领导交办的其他事宜。

二、办公环境礼仪

办公室是对内对外的门面，是来访者对本公司产生第一印象的地方。办公室工作人员要按着严肃、整洁、高雅、安全的风格营造良好的办公环境，始终给人以舒适、宁静的感觉。

1）办公室要保持窗明几净、空气清新。要及时清理废弃物，经常拖扫、擦洗办公物品，经常开窗通风，非特殊情况下不拉窗帘。

2）办公桌应保持整洁。非办公用品不外露，桌面资料整齐有序。

3）室内墙壁光洁。如需要在室内张贴文件纸张等，应设置固定的告示板以供此用。

4）用绿色植物净化室内空气、调节情绪。绿色代表着生机和活力，要定期给花卉浇水，悉心培育。

三、办公电话礼仪

办公室电话，是办公室工作人员运用声音来处理公务、传递信息的重要对外窗口和办公手段,办公室工作人员案头上的许多事务都要通过电话来处理和完成。因此，办公礼仪的大部分，如友善、礼貌、专业、细心、应答、机智、时机、同理心等都是通过办公室工作人员接打电话来体现的。

1. 接入电话的礼仪（见图 8-1）

1）电话铃响三声内应接听电话，否则对方认为公司管理上存在问题，如迟接电话应表示歉意。在商务交往中，接电话时所讲的第一句话应是问候语加上单位名称：“您好！某某公司”。

2）通话要使用礼貌用语，注重控制语气、语调，语言亲切、简练、清楚，还要让对方能感受到你的微笑，表现出高水平的业务素质和良好的企业形象。

✪ 长见识 8-1

一个电话毁了公司的形象

有一次，中国台湾一家公司的老总邀请中国台湾另一家公司的老总 A 女士去自己的公司商谈，希望 A 女士的公司能为他策划一些事情，时间已经约好了。到了那一天，A 女士准备去那家公司。出于礼貌，去之前，她先给这家公司的办公室打了个电话，告诉对方自己要去了。但是对方接电话的人拿起电话后第一句却是："喂，你是谁？"非常不礼貌，A 女士说："我是某某，请你告诉你们老总一会儿我就去见他。"对方却大声大气地说："他不在。"接着"啪"的一声挂了电话。A 女士很气愤，但她毕竟是一位老总，气度很大，接着又打了第二个电话。这一次还没等她说话，对方就很不耐烦地说："已经告诉你了，他不在。烦人！""啪"地一声又挂了电话。这一次 A 女士真的生气了，从此以后，这家公司老总的邀请都被她婉言谢绝了。虽然这家公司老总保证不会出现类似事件，而且还开除了那位接电话的员工，但是就这么个电话，这家公司的形象全被毁了。

3）重要的电话要做好记录，包括来电的时间、单位、联系人、通话内容。代接电话应及时转告同事并提醒其回电。

4）应主动帮助客户解决问题，尽量做到给客户一个满意的答复。

5）谈话结束，由地位高者如上级领导、客户先挂机，地位平等时应由主叫先挂机。

图 8-1　接听电话的表情与记录的姿势

2. 打出电话的礼仪

1）开头用礼貌语，听完对方自报家门后，也应打招呼和自报家门："您好，我是某某公司总经理助理某某某。我可以请某某先生听电话吗?"

2）根据需要将告之的事务叙述完整准确，如将事务的时间、地点、人名、人数、事情、原因、结果、要求等交代清楚，做到简单明了。

3）如果有几件事要说，告诉对方每件事之前都说"第几"，之后再强调一遍，如"刚才是第一，现在我说第二"。

4）结束通话，应等对方挂机后再放下话筒。在此之前道一声"再见"或"谢谢"。

5）为了提高拨打电话的效率和准确性，可制定拨打电话计划表，见表 8-1。

表 8-1　拨打电话计划表

对方姓名		电话号码		分机	
公司名称		分　部		职位	
通话时间					
打电话的目的					
需要提出的问题					
需要回答的问题					
需要准备的相关资料					
日　期		打电话人			
结　果					
对方姓名		电话号码		分机	
公司名称		分　部		职位	
跟　踪					
备　注					

四、办公人员礼仪

（一）个人形象礼仪

1．服饰要求

1）在办公室工作，服饰要与之相协调，以体现权威、声望和精明强干为宜。如有统一制服，按要求统一着装，如果没有，男士最适宜穿黑、灰、蓝三色的西服套装，配领带；女士则最好穿西装套裙、连衣裙或长裙，如图 8-2、8-3 所示。男士注意不要穿印花或大方格的衬衫；女士则不宜把露、透、短的衣服穿到办公室里去，否则使内衣若隐若现很不雅观。

图 8-2　办公室工作人员着装

图 8-3　办公室女工作人员工作时的着装形象

2）工作时间一律穿皮鞋，并保持光洁。

3）当众不整理服饰，如系领带、挽裤腿等。

2．卫生要求

员工在个人卫生方面除保持着装整洁外还应做到“五勤”，即勤洗脸、修面；勤洗澡，保持体味清新；勤洗发、理发；勤洗手、修剪指甲；勤擦鞋、洗袜。

3．仪容要求

1）头发。

男性：男士发不过领，不留怪发型，不得将头发染成其他颜色。

女性：女士一般留短发。如留长发，工作时间内要将长发束住或盘起。前发不遮眼，后发不披肩，发型不奇异，不得将头发染成其他颜色。

2）脸部。

男性：不得留胡须，保持脸部整洁。

女性：化妆以淡妆为宜，不得浓妆艳抹，勿戴过多饰品，不要用气味强烈的化妆品。上班不能在岗位化妆。

（二）个人行为礼仪

1．上班礼仪

1）切忌上班最后时刻急急忙忙冲进办公室。经常如此的人是不合格的。

2）互相问候“早上好”。遇到同事别一声不吭，遇到上司不必谄媚，要心情舒畅精神饱满地向同事或上司问个“早上好！”

3）迟到时要坦诚地道歉。要找个人原因不要为迟到辩解，被问及迟到的原因时，应说明原委。

4）缺勤要先请假。请假应在前一天得到上司的批准，如遇突发事不能到岗应及时用电话告之。

2．工作礼仪

1）主动打扫卫生。打扫卫生是工作内的职责，应主动不要互相推诿，否则，花了同样的气力还会让人皱眉。

2）整理办公桌。办公桌是工作的平台，上面乱糟糟的，会使人觉得工作杂乱无章。

3）入乡随俗。应按办公场所的要求避免自己不良行为的出现。如，擅自动用他人物品、办公时间聊天、当众打呵欠哼小调、胡乱用外语、室内吸烟、把别人家庭中发生的事当做议论的话题等。

4）言语友善，举止优雅。个人言行应与办公氛围相符，不要出言不逊，不打量他人背后，不随意探视他人案头上的工作。

5）管理好私人物品。与办公无关的私人物品应及时清理带回，个人必需用品也不能在办公室乱堆乱放。

6）接人待客主动热情。领导、来宾光临，需起立、主动打招呼。

7）交谈要专心致志。与别人谈话时尽量放下手中的工作。

8）不占用办公资源处理个人事务。如不用办公电话聊天，不在办公室毫无顾忌地接听私人电话。

9）保持良好的办公环境。不在办公区聊天、大声喧哗。

10）外出需请示。应向直接主管当面请示，告知外出事由，用时多少、联系方式等。若主管不在，又有急事，可用电话请示，若联系不上可请同事代为转告。

3. 下班礼仪

1）不要总盯着下班时间。下班前频频看表，是不雅观的。

2）早于上司下班应打招呼。向上司告辞：“我先走了。”

3）要有礼貌地向同事道别。向同事亲切地说一声：“再见”或“明天见”。

4）下班之后不要对公司的事妄加议论。

（三）人际关系礼仪

1. 与同事相处的礼仪

1）尊重同事。同事关系不是以亲情为纽带形成的社会关系，亲友之间一时失礼，可以用亲情来弥补，而同事之间的关系是以工作为纽带形成的，一旦失礼，创伤难以愈合。所以，一定要处理好与同事之间的关系，最重要的是尊重对方。切忌相互嫉妒、相互拆台、争名夺利。

2）财物往来应一清二楚。同事之间可能有相互借钱、借物或馈赠礼品等财物上的往来，但不能马虎，每一项都应记得清楚明白，即使是小的款项，也应记在备忘录上，以提醒自己及时归还，以免遗忘，引起误会。向同事借钱、借物，应主动给对方打张借条，以增进同事对自己的信任。

3）对同事要关心帮助。同事有困难，应主动过问。对力所能及的事应尽力帮助，这样会增进双方之间的感情，使关系更加融洽。

4）不议论同事的隐私。每个人都有隐私，隐私与个人的名誉密切相关，议论他人隐私是不光彩的行为，会损害他人的名誉，引起双方关系的紧张甚至冲突。

5）对自己的失误或与同事产生了误会应主动道歉和说明。同事之间经常相处，有误会在所难免。如果出现误会，应主动道歉，得到对方的谅解；对双方的误会应主动向对方说明，不可小肚鸡肠、耿耿于怀。

2. 与上司相处的礼仪

1）尊重和服从上司。感情上要尊重上司的权威，组织上要服从上司的领导。

2）帮助上司排忧解难。上司遇到困难或不了解情况时，下属应协助解决，不能袖手旁观、事不关己。

3）化解上司与同事之间的矛盾。当上司和同事产生矛盾时，要积极做好调解和解释工作。

4）忍辱负重，巧妙沟通。当自己与上司发生意见分歧时，不要当众顶撞上司，而应维护上司的威信，过后找适当的时机和场合婉转地表达自己的意见和看法。

5）勇于伸张正义寻求组织解决。如果遇到不关心下属、以权压人甚至给人"穿小鞋"的上司时，也不要消极怠工或到处发泄，而应向有关部门和领导如实反映情况，通过组织妥善解决。

3．与下属相处的礼仪

1）尊重下属的人格。下属具有独立的人格，上司不能因为在工作中与其具有领导与服从的关系而损害下属的人格，特别是男上司与女下属之间，这是上司最基本的修养和对下属的最基本的礼貌。

2）善于听取下属的意见和建议。上司应当采取公开的、私下的、集体的、个别的等多种方式听取下属的意见，了解下属的愿望，这样既可提高上司的威信，又可防止上下关系的紧张。

3）宽待下属。上司应心胸开阔，对下属的失礼、失误应用宽容的胸怀对待，尽力帮助下属改正错误，而不是一味打击、处罚，更不能记恨在心，挟私报复。

4）尊崇下属的才干。上司不可能在各方面都表现得出类拔萃，而下属在某些方面必然有过人之处。上司对下属的优点应及时地给予肯定和赞扬。这样做，可激发下属的工作积极性，充分发挥他们的才干。相反，嫉贤妒能、压制人才，会造成领导和下属的关系紧张，不利于开展工作。

第二节　办公文书礼仪

办公文书，是办公室工作人员运用文字来处理公务、传递信息的重要对外窗口和办公手段，是联系事宜、交流情况、发布公告、部署工作的文字材料。文书礼仪，是指人们使用的各种应用文书的礼仪规范。

一、书信礼仪

书信也叫做信函。包括便函（公文的"函"分为公函和便函两种）、商务信函（也叫做商务书信）、专用书信（包括介绍信、证明信）等。这里仅介绍便函礼仪与商务书信礼仪。

（一）笺文写作礼仪

书信分为信封和信笺两部分。信封是信的外包装，信笺是装在信封里的那几张纸。笺文即写在信笺上的内容（文章）。

笺文的礼仪规范很严格：一是讲究格式；二是讲究礼貌用语。

1. 称呼

称呼也叫做称谓。它位于信笺第一行，顶格书写，通常后加冒号，不用再加“你好”之类的问候语。

称呼最好不直呼其名，除非关系很近很熟，又是平辈论交、职位相当。

称呼包括四要素：名字、职位、关系、尊词。四要素可以单独使用，也可以联合几项使用。

1）名字。名字应该书写学名（大名），而不写小名、绰号、别名。

2）职位。职位是职务、职称的统称，如“经理”、“教授”。

3）关系。关系是作者与收信人之间的亲密程度的表示，如“大姐”、“贤弟”等。当然，如果关系淡薄，就谈不上“关系”了。

4）尊词。尊词是表示尊敬的礼貌用语，如“先生”、“女士”、“同志”。

2. 开头应酬语

开头应酬语是正文说事之前，写几句问候、寒暄之类的话，用以导引或思念、或问候、或感谢、或庆贺。如，“您好”、“很想念”、“近来好吗”等。

3. 正文

正文是信函的主要内容。要求简明扼要、礼貌周到。

4. 结尾应酬语

正文说完，不能草率结束，有失礼貌，因此，说上一两句客气话：“书不重叙，盼望面晤”、“情长纸短，言犹未尽”等。

5. 问候祝颂语

正事说完，最后再说上一两句客气话，如“祝您身体健康”、“此致敬礼”等。“此致”后面不用标点，敬辞后面可用也可不用标点。

有的书信则不写问候祝颂语，不写本身就是礼节，这种情况是由写信人与收信人的关系、信的内容与性质决定的。

关于问候祝颂语的格式问题有以下四种情况。

1）在正文写完后，紧接着写“此致”，转下一行顶格或空两格再写“敬礼”。

【例文1】

致张澜

（一九五一年一月二十二日）

表方先生:

西南局书记邓小平同志给我的报告一件，送上请察阅（可要您的秘书念给您听），可以看出西南工作的一般情况。阅后掷还。先生身体好吗？甚为系念。顺致

敬意

毛泽东

一月二十二日

2)不写“此致”，只是另起一行空两格写“敬礼”、“平安”、“祝×××”等问候祝颂辞也可以。

【例文2】

致粟裕

（一九五〇年八月八日）

粟裕同志:

罗瑞卿同志带来的信收到了，病情仍重，甚为系念。目前新任务不甚迫切，你可以安心休养，直至病愈。休养地点，如青岛合适则在青岛；如青岛不甚合适，可来北京，望酌定之。

问好!

毛泽东

八月八日

3）在正文写完后，另起一行空两格写“此致”，再另起一行顶格写“敬礼”。

【例文3】

致沈钧儒

（一九五三年九月二十七日）

沈院长:

九月十六日给我的信及附件，已收到阅悉。血吸虫病危害甚大，必须着重防治。大函及附件已交习仲勋同志负责处理。此复。

顺致

敬意

毛泽东

九月二十七日

4）正文后不写问候祝颂语。

【例文 4】

致孙燕

（一九五七年六月八日）

佩君同志：

五月十六日的信收到。已在初中毕业，甚慰。升学的事，我不宜于向学校写信。能否考取，听凭学校。如不能升学，可以在家温课。寄上三百元给你母亲，以后还可寄一些。不要忧虑。

毛泽东

一九五七年六月八日

注释：孙燕，学名孙佩君。她的母亲陈玉英曾在毛泽东和杨开慧的家里当保姆。

6．落款

落款是信函的签署要求，需写出如下各项：

1）自称。自称是相对于收信人的自我称呼。如写给老师，自称“学生”；写给上司，自称“行政秘书”等。

2）署名。即署上自己的名字。

3）末启辞。末启辞也叫做礼告敬辞，写在署名之后：“敬启”。

以上自称、署名、末启辞写在一行：“学生李一民敬启”。居信笺末页右下方。

4）时间。时间写在自称、署名和末启辞的下一行下方，要求写全年月日。

（二）信笺信封礼仪

1．信笺

信笺就是信纸。信笺必须严肃对待，不能随便找几张稿纸、横格本纸、白纸（居丧吊唁用纸）应付。应当选用印刷精美的信笺，而且最好是你所在组织的专用信笺。它的横格多采用细红线，间距不能太窄。

1）手写信笺。字体要优美，用黑色或深蓝色墨迹的钢笔、签字笔书写。绝不能用红色墨迹，那是绝交信。

2）打印信笺。用 A4 纸，设计好字体、字间距、行间距，天、地、左、右空白。

2．信封

信封也要求精美。信封上书写的文字叫封文。

封文分三部分。左上部写收信人地址、组织名称。中部写收信人称呼。右下部写发信人地址和姓名。封文的礼貌用语如下：

1）收信人称呼。收信人称呼是邮递员对收信的人称呼，而不是发信人对收信人的称呼。因此仅用“先生”、“女士”、“小姐”、“同志”即可。

2）启封辞。启封辞是请收信人开启信封的礼貌用语。写在收信人称呼之后：对尊长用“安启”、“福启”、“钧启”；对平辈、同事、同学用“文启”、“芳启”（女性收信人）；对晚辈、下级用“收启”。

3）缄封辞。缄封辞是表达发信人在封信时的尊重心理，写在发信人姓名之后：写给尊长用“谨缄”；给平辈、同事、同学用“缄”；给晚辈、下级用“手缄”。

4）如果托人带信，还要在信封上书写托带语和拜托词，如“烦交”、“拜交”、“面呈”。

不封口的信，如明信片、请柬等，不写“启”、“缄”字样。

二、致词礼仪

致词是在各类仪式或会议上的发言或题作，它包括贺词、题词、欢迎词等。

（一）贺词

贺词也叫做祝词。它是在重大节日、喜庆仪式或隆重典礼上的发言。以书信形式发出的叫做贺信，以电报形式发出的叫做贺电。

1．贺词的特点

1）强烈的感情色彩，因为是表示庆贺，所以感情充沛、饱满。

2）语句简练，不能太长。

2．写作要求

1）贺词的标题通常由文种名构成，如在第一行正中书写“贺信”或“贺电”。

2）称呼写在标题下面一行，要顶格，并加冒号。

3）正文要另起一行，空两格开始写起。正文通常写对方所取得的成绩及其意义、作用等。如果是会议，可写会议召开的意义、必要性等。如果是寿辰，可写其贡献、品德等。然后表示热烈的祝贺，要写出自己祝贺的心情，由衷地表达自己真诚的慰问和祝福，还要写些鼓励的话，提出希望和共同理想。

4）结尾要写上祝愿的话，如“祝×××圆满成功”、“祝×××取得更大的胜利”、“祝愿×××健康长寿”等。

5）写明发文的单位名称或个人姓名，并署上成文的时间。

【例文5】

祝贺成渝铁路通车40周年

四川省人民政府、铁道部、成都军区：

值此成渝铁路通车 40 周年之际，特向你们表示热烈祝贺。成渝铁路是毛泽东、刘伯承、邓小平等老一辈无产阶级革命家决策并领导修建的新中国第一条铁路，它的建成是铁路部门、地方、军队密切协作共同奋战的结果。成渝铁路的建设与发展，开创了新中国铁路建设史的新时期，为新中国的铁路建设积累了宝贵经验。40 年来，成渝铁路为四川乃至整个西南地区的经济发展做出了重要贡献。

希望你们认真学习小平同志南巡重要讲话和中央政治局会议精神，进一步解放思想，加快改革，继续发扬团结协作的优良传统，多修路，管好路，为促进国民经济的发展再立新功。

国务院

1992 年 6 月 29 日

（载《人民日报》，1992 年 6 月 30 日）

（二）欢迎词、欢送词、答谢词

这三种致词是在迎接或送别宾客的集会、酒宴上，主人或客人（答谢词）表示欢迎、欢送或感谢的致词。欢迎词、欢送词、答谢词要求如下：

1）注重礼貌。迎、送、谢都是出于礼仪需要的讲话稿，因此应特别讲究礼貌。一般在称呼之前加头衔和表示亲切的词语，如“尊敬的”、“亲爱的”等。

2）感情真挚。话不在多，而在真诚。老朋友少客套，推心置腹；新朋友客套也不能太多，关键是以诚相见。

3）尊重习俗。特别是对少数民族和外国朋友，一定要尊重对方的风俗习惯和宗教信仰，千万不要涉及对方忌讳的内容。

4）坚持原则。既表达友好，又不失原则立场。因此，措词一定要谨慎、含蓄，不能信口开河。

【例文 6】

在美国白宫国宴上的答词

江泽民

总统先生，

克林顿夫人，

女士们，先生们:

在今晚这个隆重的宴会上，首先请允许我代表我的夫人和同事，并以我个人的名义，对克林顿总统和夫人表示衷心感谢。我还要借此机会向美国政府和人民给予我们的热情接待，表示谢意。

25 年前，中美两国领导人以卓越的政治智慧和胆识，重新打开两国交往的大门。从那时以来，两国许多政治家和各界人士，为建立、改善和发展中美关系，做出了积极的贡献。在这里，我谨向他们表示崇高的敬意。

25年来，中美两国关系虽然有过波折，但总的说来是在向前发展。双方合作领域不断拓宽，合作方式日趋多样，合作潜力巨大，合作前景良好。中美保持友好关系，不仅造福于两国人民，而且对促进亚太地区和世界的和平、稳定与繁荣，具有重要的意义。

今天上午，我同克林顿总统就中美关系未来的发展目标达成了共识。这就是为了促进世界和平与发展的崇高事业，中美应该加强合作，努力建立面向21世纪的建设性的战略伙伴关系。这标志着中美关系向前迈出重要一步，达到了一个新起点。

中国和美国作为两个伟大的国家，对世界前途有重大责任。中美两国的国情不同，存在一些分歧是自然的。至于分歧，完全可以通过相互尊重的平等对话，逐步求得解决。一时解决不了的，可以求同存异。我们两国之间的共同点大于分歧。在维护世界和平与安全，促进全球经济与繁荣，保护人类生存环境等方面，中美具有广泛的共同利益。这是发展两国友好关系的重要基础。美国诗人朗费罗写过这样的诗句:“只要行动起来，我们每个明天都会比今天进步。”“行动起来吧！让我们马上就开始。”我们要顺乎潮流，合乎民意，为建立和发展中美两国的建设性的战略伙伴关系而不断向前迈进。

现在，我提议:

为克林顿总统和夫人的健康，

为在座的朋友的健康，

为中美两国人民的友谊和幸福，

为世界的和平与繁荣，

干杯！

1997年10月28日

三、柬书礼仪

柬书是社会交往中使用的邀请性或礼聘性的书信。

（一）请柬

请柬也叫做请帖，是邀请某单位或个人参加某种活动或会议时使用的专用书信。

请柬一般用印制好的、装潢精美的信封、信笺。如无现成的印刷品，至少也应用毛笔书写，以示庄重热情。一般都是一张厚纸对折起来，外面是封面，里面是信文。封面装帧要精美，有花边图案。标题“请柬”二字写在封面上，且多是烫金大字。如是喜庆事宜，封面多为红色。

【例文 7】

请　　柬

李大明先生:

兹定于 2010 年 6 月 26 日星期三上午 8:30 在复兴路 23 号“职工之家”三层大厅举行庆祝天海公司成立 10 周年大会，届时恭请光临。

天海公司工会

2010 年 6 月 20 日

（二）聘书

聘书是单位邀请有关人士来本单位任职或承担某项工作时使用的专用书信。

聘书的标题仅用“聘书”二字。一般不用抬头称呼，但受聘人姓名应在信文中明确出现。还要讲清所聘职务和聘期。

【例文 8】

聘　　书

兹聘请张向东先生任我校经济管理系 2010 至 2011 学年教授。

此聘

燕南科学技术大学

2010 年 6 月 25 日

第三节　会 务 礼 仪

做好会务工作，是办公室工作人员的职责。因此，会务礼仪是办公礼仪的重要组成部分。为了确保本节内容的完整性，也由于前面讲述的位次礼仪规范在会务礼仪中占据突出的地位，因此不可避免地在这里还要提及。

一、会务位次礼仪

会务位次的准确排列是各类会议顺利进行的前提条件，它不仅是主办方对身份不同的与会者的尊敬和礼遇，也是会议秩序和会议构成的直接体现与基本要求。

1. 接待性位次

1）介绍的位次。应把身份低的介绍给身份高的，把年轻的介绍给年长的；

把男士介绍给女士；把未婚的介绍给已婚的。商业性介绍则不分男女，总是把身份地位低的介绍给身份地位高的。（参见第五章第二节）

2）行走的位次。两人并行，右者为尊；两人前后行，前者为尊；三人并行，中者为尊，右边次之，左边再次；三人前后行，前者为尊。

3）上下楼梯的位次。上楼梯时，前者为尊；下楼梯时，特别是楼梯较陡时，尊者在一人之后。

4）乘电梯的位次。乘设有专人操纵的电梯，陪同人员要后进去后出来；乘无人操纵的电梯，陪同人员要先进去后出来，目的是为客人的进出控制好电梯。一般来说，面向电梯门，右边靠里的位置可以视为尊位，但这点并不是很严格的。

5）乘轿车的位次。有两种情况：一是由驾驶员开车，当轿车有两排座时，后排右座为尊位，左侧次之，中座更次，前排司机旁最次。司机旁的位置一般是助手、接待或陪同的公务人员坐的。当轿车有三排座时，最后一排是上座，中间一排次之，前排最次。二是由主人亲自驾车，则主人旁边的位置是尊位。

如果接待两位贵宾，主人或接待人员应先拉开后排右边的车门，让尊者先上；再迅速地从车的尾部绕到车的另一侧打开左边的车门，让另一位客人从左边上车；只开一侧车门让一人先钻进去的做法是失礼的。

个别情况也可以例外。例如，为了让宾客顺路看清本地的一些名胜风景，也可以说明原因后，请客人坐在左侧，但同时还是应向客人表示歉意。有一德国专家到日本工作，常往返于东京、大阪之间，几周后他发现，他每次坐的座位的窗口都朝着日本的圣山——富士山。这件事情令那位德国专家激动不已。需要强调一点的是，即使是为了让客人欣赏风景，也不要让客人坐在司机旁的位置，尤其是接待中国的港、澳、台地区和外国客人时更应注意这一点，否则，会弄巧成拙、事与愿违。（参见第五章第三节）

6）陪同人员在陪同宾客参观访问中的位次。如果陪客人、外宾参观访问，陪同人员应提前 10 分钟到达出发地。参观过程中，陪同人员应走在宾客的左或右前方，并超前两三步，时时注意引导，遇进出门口、拐弯或上下楼梯时，应伸手示意。当参观结束后，应将客人送至宾馆，然后再告别。

2．聚会性位次

1）大会主席台的位次。就前后排关系而言，前排为尊，第二排次之，以此类推；就同一排的关系而言，中者为尊，两侧次之；就两侧相对应的同位而言，右者为尊。

2）会议室、接待室的位次。座位位次排列总的原则是：第一，面门为上；第二，居中为上；第三，以右为上；第四，前排为上；第五，距门远为上。图 8-4、图 8-5 中 A 表示上座，其次为 B、C、D。

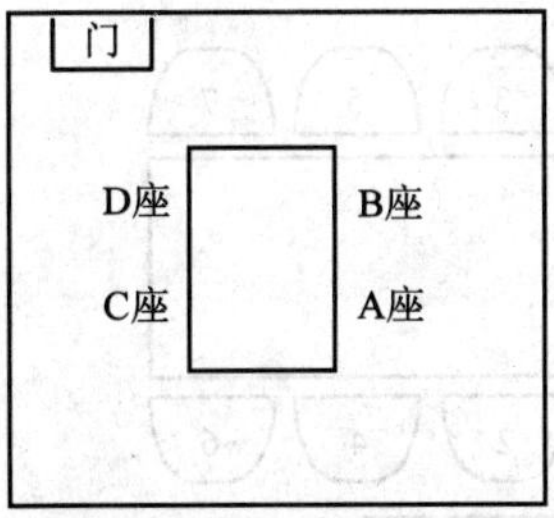

图 8-4 方形桌位次

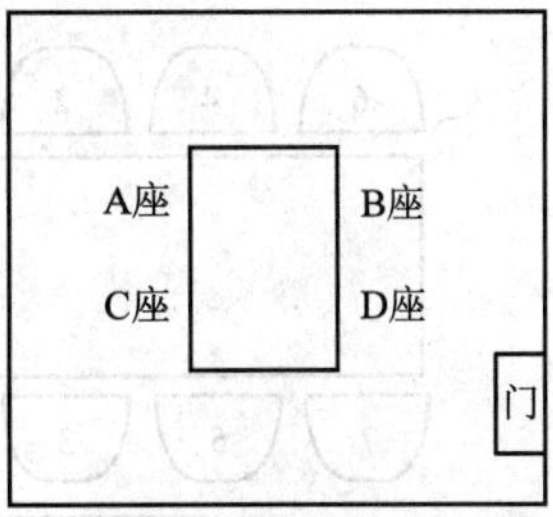

图 8-5 圆形桌位次

3）会见的位次。会见是指双方或多方的相见。凡身份地位高者会见身份地位低者，或主人会见客人，通常称作接见；凡身份地位低者会见身份地位高者，或是客人会见主人，通常称作拜见或拜会。

会见通常在专门的会客厅、会议厅、办公室等场所举行。双方一般分两边坐，主方坐左边，客方坐右边。主方或客方的具体座次按前面所讲的礼宾次序安排。如需翻译员和记录员，他们应坐在主人和主宾的后边。具体排法如图 8-6 所示。

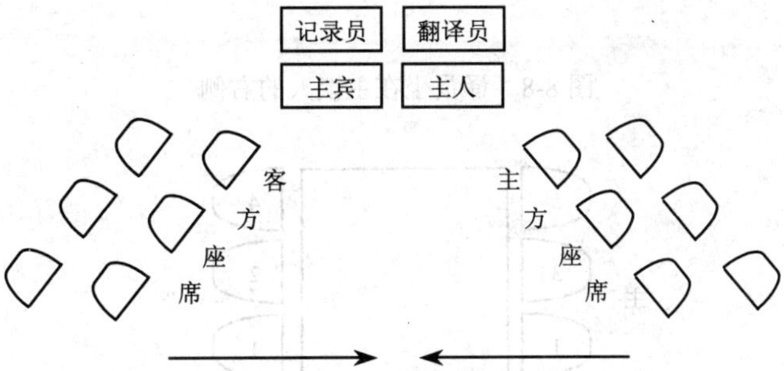

图 8-6 会见的位次排列

4）会谈的位次。会谈是比会见专业性更强的活动，是双方或多方就共同关心或共同感兴趣的问题交换意见的活动形式。

由双方参加的会谈叫双边会谈；由多方参加的会谈称多边会谈。双边会谈通常是双方在长方形或椭圆形会谈桌的两侧按礼宾次序相对而坐。参加多边会谈的各方在圆形会谈桌的四周按礼宾次序就座。在双边会谈时，主方应位于背门一侧，或门的左侧；客方应位于面门一侧，或门的右侧，图 8-7～图 8-9 所示。

如需安排翻译人员，译员应排在主谈人的右侧（见图 8-8）。

5）宴会的位次。一般主陪在面对房门的位置，副主陪在主陪的对面，1 号客人在主陪的右手，2 号客人在主陪的左手，3 号客人在副主陪的右手，4 号客人在副主陪的左手，其他可以随意。以上主陪的位置是按普通宴席掌握，如果场景有特殊因素，应根据具体情况而定。（参见第七章第二节）

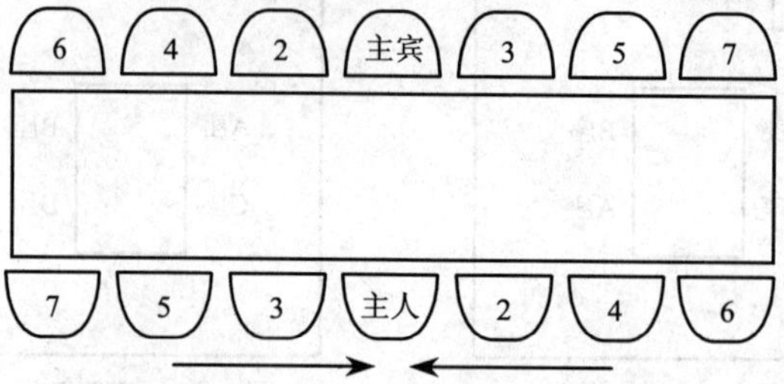

图 8-7　横排桌主方在背门一侧

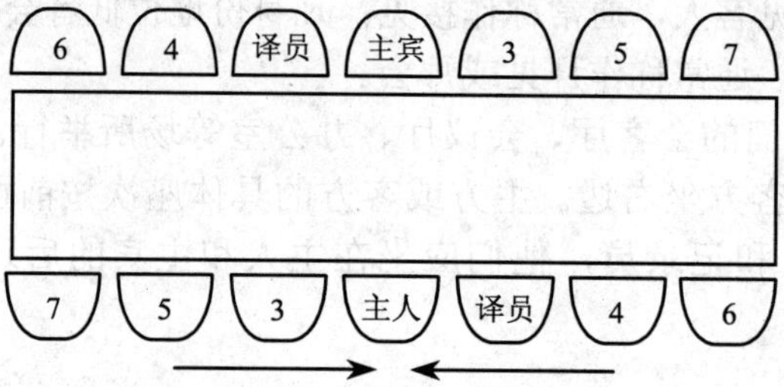

图 8-8　译员坐在主谈人的右侧

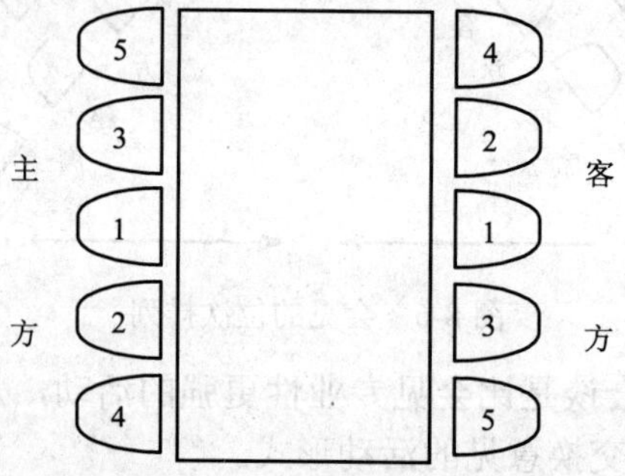

图 8-9　竖排桌主方在进门的左侧

3．确定与会者位次的依据

1）根据活动目的、内容以及主人的价值取向和客观需要等作为标准来决定尊位、高位。例如，政治、行政活动可能以职位为标准；经济活动可能以实力为依据；纪念性活动可以长幼来判断，等等。

2）活动的双方或多方的关系是对等的，可选择其中的汉字笔顺、字母顺序、回执或抵达时间先后等为标准进行排列位次。

第一，按汉字的笔顺排列。如果是国内的礼仪活动，参与者的姓名或所在单位名称是汉字的，可以采用这种方法，以示各方的关系平等。其具体排法如下：首先，按个人姓名或组织名称的第一个字的笔画多少，依次按由少到多的次序排列。当两者第一个字的笔画数相等时，则按第一笔的笔顺横、竖、撇、点、横勾的先后关系排列。当第一笔笔顺相同时，可依第二笔，以此类推。当两者的第一个字相同时，则用第二个字进行排列，以此类推。如果出现单姓与复姓笔画相同时，单姓排在复姓之前。

第二，按字母顺序排列。在涉外活动中，一般按参加者的组织名称或姓名的英文或其他语言的字母顺序进行排列。具体方法是：先按第一个字母的顺序排列。当第一个字母相同时，则依第二个字母的顺序排列，以此类推。

第三，按回执或人员抵达先后顺序排列。这种方法多见于对运动队、参展团等团体的排列。主要有两种情况：一是按各团体寄来的回执的日期先后排列，一般以邮戳或电传日期为准；二是按各团体抵达活动地点的时间先后排列。

二、会务安排礼仪

办公室工作人员必须对会议礼仪了如指掌，做好落实参会人员、发送会议通知、布置会场、宾客食宿、迎来送往等细致的安排工作。

1. 会议环境礼仪

会议环境是指会议的客观场所及其装饰装潢。会议环境礼仪是对会议环境的选择、安排和布置。

（1）会场的选择

1）大小适中。会场太大，给人感觉稀稀落落、人员不齐；会场太小，又拥挤不堪、难以入座。会场一般选择比会议代表人数略多座位的即可。

2）远近适当。不能出现一部分会议代表方便参会，而另一部分代表远途跋涉的现象。

3）设备齐全。会议所需的设备有必备的，如照明设备、通风设备、扩音设备和摄录设备；也有特殊的，如投影仪、展示台、投票箱。无论哪种，必须齐备完好。

4）环境幽雅。会场的外部环境必须安静、整洁、雅致，不能嘈杂、脏乱。绝不能选择在土木施工工地旁边。另外，还要考虑有充足的停车位。

（2）会场布置

小型会场，只要整洁、明亮，设施齐备，桌椅符合要求即可。大中型会场，还需要准备以下物品：

1）会标。会标即会议标题，一般在红色横式布幅上写白色或黄色美术字。

2）会徽。会徽是体现或象征会议精神的图案标志。它悬挂在主席台的天幕中央，形成会议视觉中心。会徽可以是本组织的标志，如党徽、团徽等；也可以是根据会议主题广泛向社会征集来的标志。

3）标语。标语是张贴或悬挂的口号。标语应切合和宣传会议宗旨。标语制作应醒目、简短、有力量，一般不超过 13 个字。

4）旗帜。旗帜是隆重而热烈的会议所必备的装饰品。主席台上多选用红旗，悬挂在会徽两侧。会场上红旗、彩旗交叉悬挂。

5）花卉。鲜花应选用我国原产花种，如梅花、牡丹、月季、杜鹃、兰花等。绿叶植物也应大量选用。花卉主要摆放在主席台前。

（3）主席台布置

主席台是会议的核心，应布置得庄重、典雅。一方面要布置好会徽、会标、红旗、花卉，另一方面也是最重要的是准确无误安排座位。

1）依职务高低或选举的结果安排座位。

2）在每个座位桌面的左侧摆放姓名签。

2. 接站礼仪

大中型跨地区会议，特别是国际会议，主办单位必须安排会议工作人员组织接站。接站前，需了解来宾情况、人数、性别、职务等，安排好宾馆房间等食宿，准备足够的车辆，然后方可到机场、车站或码头接站。

1）确定迎接规格。规格是档次的外显。主方应安排职位相当的领导人前去迎接。最常用的是对等规格：主客双方的领导人职务相同。

2）安排迎接队伍。对重要的参加者，应该组织礼仪队，手持鲜花前去迎接。

3）竖立迎接标牌。标牌应精心制作，不要敷衍。标牌上写受迎接方的单位名称或主要人名，并有“欢迎”词句：“欢迎某某总局某某总经理一行”，下落款“某某会议秘书处”。

4）掌握好抵达时间。应提前半小时到达机场、车站、码头。

5）介绍。与会者到达后，主办方工作人员应立即上前自我介绍，并将客方主要领导人介绍给主方主要领导人。

6）献花。对重要的与会者（外国代表、上级领导人、知名人士）可安排献花。所献之花必须是鲜花，要鲜艳、整齐。花的种类和颜色应符合对方的风俗习惯。

7）陪车。会议工作人员应及时将轿车驶近，打开车门，示意并引导各位来宾上车。

当然，在做好迎宾工作的同时，也要着手做好送客的准备，如统计和预订返程车（船、飞机）票等。

思考与练习

1. 对办公环境的要求有哪些？
2. 谈谈对办公室工作人员行为礼仪的要求有哪些？
3. 谈谈与同事相处的礼仪。
4. 谈谈会见、会谈的位次礼仪。

模拟训练

1. 请同学们分成两人一组，模拟接打办公电话。
2. 请同学们分组，模拟工作礼仪。

读一读，想一想

某工程有限公司准备在星期三的下午召开一次重要的临时会议，总经理请秘书小薇协助向公司的各部门主管发送前来参加此次会议的通知。小薇并没有这样做，她想反正是内部会议，只要在公司布告栏上贴一张通知就可以了。可是她忽视了一个问题，此次会议是临时召开的重要会议，并非公司例会。因此，有些主管因一直在工程现场未能及时看到通知而未能准时到会。待发现时已是星期三的中午了，小薇只得匆忙用电话通知这几位主管迅速赶到开会地点。其中，工程部经理罗宾接到电话后不满地说：“这么重要的会，为什么不早下通知？我下午约了客户，会议只能让我的助手去开了。”小薇急忙说：“那可不行，总经理特别指示，有关人员务必准时出席。”罗宾说：“可是我已通知了客户，改期已经来不及了，你说怎么办？”小薇张了张嘴，什么也说不上来了。

第九章

9 商务礼仪

商务礼仪，是指以商品交换实现赢利为目的的人际交往活动的礼仪规范。一位成功的商务人士，除了具有良好的专业知识技能、文化修养和丰富的社会经验外，还必须熟悉和自觉遵守商务礼仪规范。因为，商务人员能否遵循商务礼仪规范，在一定程度上决定着商务活动的成功与失败。

第一节　商务拜访与接待礼仪

商务拜访与接待是商务人员的一项经常性的工作。商务人员在拜访和接待中的礼仪表现，不仅关系到本人的形象，而且还涉及所代表的公司形象。令人满意的、健康的拜访和接待礼仪，对于建立联系、发展友情、促进合作有着重要的意义。

一、商务拜访礼仪

商务拜访是企业日常业务往来中很平常的事，但拜访时的礼节周到与否常常是拜访成功与失败的关键。因此，商务拜访除了在出发之前做好各方面的充分准备外，重要的是在拜访中还要讲究以下方面的礼貌礼节：

1）拜访应选择适当的时间。如果双方有约定，就应准时赴约。万一因故不得不迟到或取消访问，应立即通知对方。注意，不要约在对方午休或用餐的时间去拜访，那是很不适当的。

2）向接待者表达应有的礼节。到达拜访地点后，如果与接待者是第一次见面，要主动问候致意，进行自我介绍；如果对方先行握手礼，要热情回应，否则，不要先行握手礼；如果有必要，可主动递上名片，字体正朝对方，要双手递出。

3）要及时告知对方你的到来。当你到达时尚未见到对方，请将你的名字和约见的时间告诉接待员或助理，递上你的名片，以便助理能通知对方。

4）要与接待者保持友好关系。若与接待者的意见相左，不要争论不休。对接待者提供的帮助要致以谢意，但不要过分。

5）与对方交谈要高效务实。谈话开门见山，不要高谈阔论而浪费时间。要尽可能快地进入正题。要清楚直接地表达你要说的话，不要讲无关紧要的事。说完后，让对方发表意见，并要认真地听，不要辩解或不停地打断对方的话。如果你有其他意见，可以在对方讲完之后再说。

6）要注意观察对方的举止表情。当对方有不耐烦或表情为难时，应转换话题或口气。登门拜访要有时间观念，不要因为自己停留的时间长，而影响对方其他的日程安排，告辞时，即使主人表示挽留，仍应执意离去，且要向对方道歉，请主人留步，不必远送。

二、商务接待礼仪

在正式会晤中，接待方作为主人，就应该掌握好待客之道。待客之道的核心在于待客以礼。

1. 做好准备

在举行会晤之前，主办方应将先期的接待准备工作落实在“好”字上。这些准备工作主要是指：

1）搞好环境卫生。在客人到来之前，需要对会晤场地专门布置，并进行一次清洁卫生工作，以便创造出良好的待客环境，并借以完善主办方的整体形象，同时体现出对于来访对象的重视。

2）购好待客用品。通常，在来宾来访之前，需要购置好必要的待客用品，以应来宾之需。在一般情况下，茶水是必不可少的待客用品。最好给来宾准备干净的一次性水杯和袋装茶叶，待客人就座后再将开水倒入杯中。此外，鉴于吸烟的危害性，除非客人提起，在正式会晤中一般不必准备香烟和烟灰缸。

3）备好交通工具。在接待会晤来宾时，要事先考虑交通问题。如果力所能及，则最好主动为其安排或提供交通工具。为来宾安排交通工具，则要注意善始善终，不但来时要接，走时也要送。这样做，不仅是为来宾排忧解难，而且也能体现主办方的待客之诚与善解人意。

2. 讲究礼仪

参加会晤时，主人要讲究礼仪。无论是穿着打扮，还是仪容仪表，或者神态表情，都要精心准备，落落大方，这样才能显示出主人对此次会晤的高度重视。

3. 迎送周到

在来宾到来之时，主人对其欢迎与否，来宾是十分敏感的。因此，在来宾抵达之后，主人要做的第一件事，就是要向对方表示热烈欢迎。当来宾告辞时，亦须热情相送。

1）迎候。对于每一位来宾，特别是初次来访的客人，接待人员都要亲自前去迎候。如果是迎候远道来访的客人，接待人员则可恭候于其抵达本地的机场、港口、车站，或是其下榻之处。

2）致意。与来宾相见之初，不论彼此熟悉与否，均应面含微笑，与对方热情握手。与此同时，还应当对对方真诚地表示："欢迎，欢迎"，并致以亲切的问候。在一般情况下，接待人员在待客之初，握手、问候和表示欢迎，是必不可少的"迎宾三部曲"。随意对此有所删减，即为失礼。

3）送别。接待过程中的送行的具体地点，一般是大门口、楼下，或是其所乘的车辆离去之处。至少，也要将来宾送至室外或电梯门口。与来宾告别时，要与之握手，并道以"再见"。在一般情况下，当来宾离去时，应向其挥手致意。当对方离开之后，主人方可离开。

第二节 推销礼仪

随着我国市场经济的迅猛发展，企业间的竞争越发激烈。在市场上，谁能把自己的产品销售出去，谁就能赢利，谁就能在竞争中获胜，企业就能做大做强，否则将被淘汰。因此，马克思把"卖"称之商品的"危险一跳"。可见，推销工作是决定企业生死攸关的大事，而推销礼仪则是销售得以成功的助推器和润滑油，往往在关键时刻发挥着重要作用。

一、推销礼仪概述

一般来说，专人推销比柜台推销的灵活性大，但难度也大。因为专人推销是推销员主动寻找、联系客户，引导和说服客户购买商品；而柜台推销是营业员为自愿上门的消费者推荐和提供其需要的商品。所以，艰难的推销工作对推销员的要求较高。因此，推销员应当具备相应的礼仪知识、业务知识，熟悉推销礼节，方能胜任工作。

1．推销员的素质

作为推销员，推销工作的特点要求他们必须讲究公关礼仪，重视业务学习，增强服务意识，掌握表达艺术。

1）有良好的个人形象。个人形象就是第一印象，推销员有了良好的个人形象就等于给了客户良好的第一印象，为赢得客户的好感和信任创造了条件。

第一，推销员应该常修边幅，勤洗澡，常刷牙，梳理头发，修剪指甲，做到仪表整洁，容光焕发。

第二，推销员着装要庄重，给人以稳健、可靠的感觉。不必戴太多的饰物，但应佩戴一块外形美观的优质手表。

✪ 长见识 9-1

日本有位名叫齐藤竹之助的先生，是著名的推销大王，对推销艺术颇有研究。他认为，男推销员应备四季西装各两套，领带、衬衫、袜子、手帕各十件（双、条），皮鞋两双。衣服要常换，皮鞋要常擦，袜子要常洗，手帕要干净，每天修剪指甲、刮胡子，常梳理头发并注意发型。齐藤竹之助先生的经验之谈，值得推销员借鉴。

第三，推销员走路、说话、做事应稳重，切忌毛手毛脚；面部表情应自然，常带笑容，给人一种亲切感，这样才便于与顾客沟通。

2）熟悉本职业务。推销员应努力学习和掌握丰富的业务知识，这样才能在推销工作中逐步达到老成干练的程度。这些业务知识主要包括：

第一，企业知识。了解本企业的历史、规模、经营方针、管理方法、特点、产品行情、竞争焦点。

第二，商品知识。熟悉本企业商品的性能、价格、规格、品种等，并能区别同类竞争产品的异同及特色。

第三，营销学知识。掌握营销学的基本策略和手段，学会市场调查和销售预测的基本方法。

第四，心理学知识。注意观察顾客的心理变化，对不同类型的顾客，采取不同的服务方式。

2．推销中的礼节

1）约定时间。一是约好时间。不要贸然上门，以免打扰人家，或“吃闭门羹”。电话预约比较方便。二是选好时间。例如，对顾客而言，闲时比忙时好，白天比晚上好。另外，由于人们的工作性质不同，作息时间和习惯也有所不同。上门推销产品时，应考虑这些因素。

2）言谈得体。见到客户打招呼，应尽量使用尊称、敬称。向客户介绍产品时，不要讲一些所谓“誉满全球，引领世界新潮流”之类的大话、空话，而应当实事求是，简明扼要地介绍产品的性能、优点等。此外，要善于倾听客户的意见，做出合理的答复。

3）彬彬有礼。上门推销，应先敲门或按门铃，征得客户允许后方可进门，见到客户应热情问好，但不要主动与客户握手。交谈时与客户保持适中的距离。落座后，手脚不要乱摇乱抖。

当推销工作一帆风顺时，不必喜形于色，手舞足蹈；当推销工作遇到挫折时，也不要垂头丧气，闷闷不乐，而要沉着冷静，保持应有的风度。“生意不成人情在。”当推销员赢得客户的好感和信任后，生意才有可能做成。成功的推销员常说：“要推销产品，先推销自己。”

二、推销技巧

推销技巧是指各种促进推销的方法、手段。掌握和运用推销技巧，以使推销获得成功。

1．赢得客户信任的技巧

推销员上门推销产品，首先要赢得客户对推销员的信任和对产品的好感。为此，推销员应准备好下列物品和资料。

1）名片、身份证、工作证、介绍信等，以证明自己的身份。

2）样品，给顾客演示或试用，以吸引顾客。

3）商品价目表，以利顾客选择。

4）订购单，以便顾客订货。

5）公众舆论、权威机构的评价，以使顾客放心。

6）小礼品，用于答谢顾客。

客户看了推销员的工作证、介绍信，听了推销员对商品的有关介绍和演示，才会有信任感；试用了样品和了解了有关反馈，才会对产品产生兴趣，才有可能选购。

2．说服客户的技巧

客户在推销人员介绍产品或进行演示后，有时会产生疑虑或不同意见。这时，推销员必须认真分析客户异议的实质与根据，然后进行答疑，可酌情使用下列两种方法：

1）婉转法。推销员听到客户的不同看法后，不要马上反驳，即使是客户对推销的商品知识缺乏了解而有所误会，也不要据理力争，而应婉转讲清其中的道理，逐渐改变客户的看法，不使矛盾僵化，最后赢得客户的认同。

2）弥补法。有时所推销的产品确实存在着客户所指出的缺陷，这时推销员不应弄虚作假欺骗客户，更不能强词夺理愚弄客户，可以用商品的其他优点来补偿或抵消该产品存在的缺陷，以便让客户取得心理平衡。

3．实物推销的技巧

广告把产品吹得天花乱坠，不如把产品摆放在消费者面前。这样做，消费者看得见、摸得着，具有直观性，更具有说服力。

✪ 长见识 9-2

空 投 手 表

日本西铁城公司为了在澳大利亚打开手表市场，便别出心裁地在澳大利亚安排了飞机投表表演，由飞机将西铁城手表从几千米高的空中投到地上。谁捡到手表，手表就是谁的；如果捡到的手表破碎了，公司将赠送一块新表。这一消息在澳大利亚播出后，吸引了很多澳大利亚人，他们并不是贪图捡一块手表，只是觉得这种促销形式很有新意和特色，想去看个究竟。因此，在飞机投手表的当天，有许多人围观。说来令人难以置信，西铁城手表从几千米高空投下来后，不仅没有摔碎，而且照走不误。于是，一传十，十传百，西铁城手表一下子成为澳大利亚风行一时的商品。

4. 媒介促销

通过广播、电视、电影、报刊等传播媒介对产品进行宣传，是促销产品的一种有效方法。

✪ 长见识 9-3

利用电影介绍产品

有一年，某磷矿厂仓库里积压了不少磷肥，为了打开销路，磷矿厂特地拍摄了该矿生产规模、企业管理情况、产品质量、磷肥用途及施肥方法的录像带，然后，到很多农村集镇的电影放映场所，在正式放映电影前免费播放。这样一来，农民了解了磷肥的用途和此种磷肥的可靠性，纷纷要求购买，使该厂积压的磷肥销售一空，并将该厂第二年第一季度的产品也都提前订购完毕。

5. 对路推销

在人类这支庞大的消费群体中，有许多消费者是有特殊消费需求的。因此，根据特定消费对象的特点和需求来设计生产商品，有助于推销人员对路推销商品。

✪ 长见识 9-4

加油站与矿泉水

2008 年 7 月初的一天，南京一个加油站的销售人员发现了一个绝好的商机。他们看到了水是司机在这个季节里的必备品，由此他们想到推销矿泉水不仅方便了司机还能获得可观的收入。因为司机在加油站买矿泉水既省时又省力还省钱，与超市比加油站销售矿泉水优势多多。转眼间到了 7 月底，加油站销售瓶装矿泉水共 1600 箱，销售额达到 1.6 万元。其中有一位推销员，她的班矿泉水销量一直最多。那么她的推销技巧在哪呢？其实很简单，她在为客户加油服务的时候，总会微笑着对客户说：“南京天气真热，加油站卖的矿泉水比超市还要便宜，您往后备箱里放一箱就不用担心一天没水喝了。”司机们看她服务周到热情有礼貌，说得又在理，常常会高高兴兴地买上一箱放到自己的车里。可见，适销对路的商品加上合适的推销礼仪，就一定能够取得销售好成绩。

除了上述推销技巧外，还可以利用节假日进行促销；还可通过开展赞助文化、教育、体育、社会公益事业等活动引起公众的关注，从而提高企业的知名度，以扩大产品的销路。

第三节 商务谈判礼仪

商务谈判又称商务洽谈，是商务交往中最重要的活动之一。适合由它处理的商务事宜非常广泛，如建立业务联系、达成双边合作、签订买卖协议、获得对方赔偿、化解贸易争端等。因此，谈判礼仪是商务谈判中解决矛盾的“催化剂”、走向合作的“桥梁”，是商务谈判获得成功不可缺少的要素。

一、谈判的原则

商务谈判的结果往往直接影响谈判各方的物质利益，最理想的谈判结局，不是“你死我活”、“鱼死网破”，而是有关各方的利益和要求都能得到一定程度的照顾和满足。为此，谈判双方都要遵循以下谈判原则：

1. 礼遇对方

要求双方在谈判的整个过程中沉着冷静，始终以礼相待，尊重对方。调查表明，在谈判桌上保持“绅士风度”或“淑女风范”，能够赢得对手的尊重与好感，有助于达成协议。

2. 平等协商

谈判就是有关各方在合理、合法的前提下，进行讨价还价。为了取得合情合理的谈判结果，要求各方持有平等一致、相互尊重、相互谅解的态度，避免以大欺小和坑蒙拐骗的情况出现。

3. 求同存异

任何谈判都不可能一方大获全胜，不带有丝毫的让步，如果出现这种情况，说明谈判没有必要举行。因此，谈判各方都有求同存异的愿望和要求，一旦达到了自己的心理预期，就应该做出必要的妥协，最终达成协议，使谈判获得成功。

4. 互利互惠

商务人员在参加谈判之前，就应该有这样一个追求：谈判的结局应当是既利己，又利人的。这样做，可能通过谈判使谈判对手变成同舟共济的合作伙伴。

5. 人事分开

谈判中出现激烈的争论是正常的，但要对事不对人。正确的做法是：对“事”要严肃，对“人”要友好；对“事”不可以不争，对“人”不可以不敬。

二、谈判的准备

俗话说“不打无准备之仗”。准备分为技术性准备和礼仪性准备。

1. 技术性准备

1）知己知彼。一是选定的谈判代表的身份职务要与对方谈判代表的身份职务相当。二是要对对手有全面的了解，做到扬长避短、避实就虚，争取取得最好的成绩。

2）熟悉程序。谈判程序依次是：探询、报价、磋商、小结、再磋商、拍板、签约，共七个步骤。对此，要多作案头准备工作，细致研究谈判的常规程序及其灵活变化，谈判中要做到胸有成竹、处变不惊。

3）目标策略。掌握好谈判的主题、内容、议程，制定好谈判的计划、目标及策略。尤其灵活运用好策略，因为谈判成功，不仅凭实力，还要靠策略。诸如谈判中运用的以弱为强、制造竞争、火上浇油、出奇制胜、利用时限、声东击西等，都是常规性的谈判策略。

2. 礼仪性准备

1）仪表准备。由于谈判会是一个严肃的场合，谈判结果事关大局，因此谈判代表要有良好的综合素质，仪容仪表要与谈判会氛围相一致，穿着要整洁正式、庄重。男士应刮净胡须，穿西服必须打领带。女士穿着不宜太性感，不宜穿细高跟鞋，应化淡妆。

2）地点选择。谈判会地点的确定问题，应通过各方协商解决。无论哪一方作为东道主出面安排谈判，一定要在各方面打好礼仪这张“牌”。在谈判的台前幕后，恰如其分地运用礼仪，迎送、款待、照顾对手，以便赢得对手的信赖，获得对方的理解与尊重。

3）会场安排。东道主要精心布置好谈判会场，准备好相关的用品，对礼仪性很强的座次问题要特别重视不能出错。要采用长方形或椭圆形的谈判桌，门右

手座位或对面座位为尊，应让给客方。（请参见第八章）

三、谈判的过程

谈判前的礼仪准备很重要，谈判过程中礼待对方更加重要。不论谈判激烈程度如何，在谈判的各个阶段，自始至终都要讲究礼仪。

1. 谈前沟通阶段

1）介绍自己应礼貌大方。坐在一起进行谈判，免不了相互介绍自己的出席人员。这时不管是介绍者还是被介绍者都要自然大方，被介绍者应起立微笑示意，礼貌地道一声："幸会"、"请多关照"之类的话。询问对方要亲切客气，如"请问尊姓大名"等。

2）交换名片要双手递接。越是庄重严肃场合，名片越是代表着一个人的尊严。双方交换名片，则是友好尊重的表示，也表达了双方希望在今后继续保持相互交往的共同愿望。因此，对对方的名片要恭敬地双手接过，并认真阅览，最后向对方微笑点头表示谢意。如图 9-1 所示。

图 9-1　谈判代表交换名片

3）开场话题要轻松愉快。万事开头难，谈判也是如此。谈判开始时，双方有必要寒暄以沟通感情，营造温和气氛。谈判之初的重要任务是摸清对方的底细，因此要认真听对方讲话，细心观察对方的举止表情，并适当给予回应，这样既可了解对方意图又可表现出尊重与礼貌。

2. 实质性谈判阶段

这是谈判的关键性阶段，要掌握好的几个环节是报价、查询、磋商、解决矛盾、处理冷场。

1）报价。报价要遵循明确无误和恪守信用的原则，不欺骗对方，不能视报价为儿戏。"漫天要价"是对对方的施压，十分不礼貌。

2）查询。查询是就双方合作中出现的较大偏差或对对方的失误提出质疑和询问，再由对方说明、辩解。查询时要事先准备好有关问题，态度要开诚布公。言辞不可过激或追问不休，以免引起对方反感甚至恼怒，但对原则性问题应当力争不让。对方回答查询时不宜随意打断，查询完了应向解答者表示感谢。

3）磋商。磋商实际上是了解了对方情况及报价后进行的正面交锋，即俗语中的"讨价还价"，由于这关系双方利益，容易因急躁而失礼，因此要特别注意保持风度，坦诚相见是最好的礼仪。磋商应心平气和，求大同存小异，发言措词应文明礼貌，在坚持原则的同时做出适当而必要的让步。

4）解决矛盾。谈判过程中一帆风顺是少见的，出现矛盾争执，陷入僵局是常有的现象，此刻应保持耐心、冷静。一定注意就事论事，不可因发生矛盾就怒气冲冲甚至进行人身攻击或侮辱对方，这会导致谈判彻底失败，于对方于自己都没有好处。有诚意才有解决矛盾的可能，故而应当心平气和地讲明道理，据理力争的同时也要考虑双方互谅互让的余地，不纠缠于细枝末节，双方各让一步，尽可能取得比较满意的成果。

5）处理冷场。谈判中由于某些原因出现了双方谁也不先开口的冷场情况，这时主方要灵活处理，可以暂时转移话题，稍作松弛。如果确实已无话好说，则应当机立断，暂时中止谈判，休息后再重新进行。主方要主动提出话题，小结上一阶段的发言情况或提出新问题，不能让冷场持续过长，要重新营造友好气氛，使谈判得以顺利进行。

3．协议签约（字）阶段

经过一系列的磋商之后，双方达成了某种协议，还要经过签约仪式，使之成为具有法律效力的文件。

1）拟定协议文本。谈判后做的第一件重要的事，就是将双方协商的合同或条约等成果，撰写成文件并最后定稿，一式两份。

2）布置签约会场。签约仪式一般选在宽敞的会议室，室内正前方设一张长桌，盖红色台布，桌后并排放两张椅子。面对门主方在左，客方在右（见图 9-2），将事先打印好的文本摆放在桌面上，分别放好签字用具，正中放一束鲜花，签字桌后墙可贴上会标，写明“××合同签约仪式，×年×月×日”之类的标题。

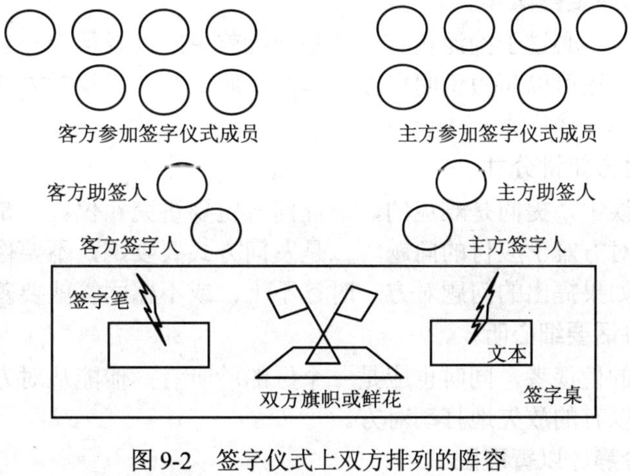

图 9-2　签字仪式上双方排列的阵容

3）举行签约仪式。签约仪式的过程是：

第一，双方参加谈判的全体人员都要出席，共同进入会场，相互致意握手，一起入位。双方都有一名助签人，分别站立在各自一方签约人外侧，其他人员排列站立在各自签约人身后。

第二，助签人要协助签字人打开文本，用手指明签字位置。

第三，双方代表先在己方的文本上签字，然后由助签人互相交换文本，签字人再在对方文本上签字。

第四，签字完毕后，文本即生效，双方应同时起立，交换文本，并相互握手，祝贺谈判成功，其他随行人员则应该以热烈的掌声表示喜悦和祝贺。如图 9-3 所示。

有时，签约后还可安排礼节性的干杯礼仪，或者合影留念，以示长期合作的愿望。

图 9-3　签约后交换文本

四、谈判经验的总结

1．自我介绍要得体

自我介绍，不必过于拘泥礼节，若是同行就更应表现得轻松自然。介绍时应该姓与名并提，还可以简短说明自己的单位、职务等。问及对方的姓名要注意礼貌用语。

2．提问对方要讲分寸

在业务洽谈中，提问是难免的，但提问一定要讲究礼仪。一是要注意“度”，不要一直追问对方难于应付的问题。二是发问方式要委婉，不要像“查户口”式地盘问。三是如果提出的问题对方一时答不上，或不愿回答就要善于转换话题。

3．对方讲话要细心听

一个成功的健谈者，同时也应是一个好的聆听者。他能从对方的谈话中发现问题，从而可以有的放矢地打动对方。

4．沉着冷静、以智取胜

商务洽谈在一定意义上来说是一种心理上、智力上的较量。因此，作为洽谈人员，要时刻保持头脑冷静、从容不迫、沉着应战、以智取胜。

5．不打无准备之仗

自信是谈判成功必备的心理素质，然而自信决不等于狂妄以至轻视谈判对手。

相反，在洽谈之前，应当想方设法了解对方的动机、心绪、态度、目的、长处和弱点，乃至为人处世的态度。要重视洽谈对手，只有知己知彼，方能百战不殆。

6．掌握好洽谈的时间

洽谈时间的长短要视具体情况而定，对洽谈的内容应先做妥善准备，以便在最短的时间以最有效的方式来完成，切忌有心急火燎的心理。

7．善于打破僵局力挽狂澜

当洽谈出现曲折时，聪明的洽谈人员会冷静地分析洽谈所取得的进展与达成的共识，希望求同存异，寻找“柳暗花明”的途径，避免洽谈陷入僵局以致破裂。

8．良好的语言表达艺术

商务洽谈既是一个紧张思维的过程，又是一个高度运用语言艺术的过程。洽谈的成败，以及如何在最有利的条件下达成协议，取得圆满的结果，在一定程度上取决于洽谈中的语言技巧。如果在谈判时出言不逊、恶语伤人，或趾高气扬，咄咄逼人，会引起对方的反感和不满，从而给谈判造成障碍，甚至导致谈判的破裂。

谈判讲礼仪，讲文明礼貌，不是不坚持原则。有经验的谈判者常借助于高超的语言技巧、富有智慧的言辞表达，既营造了和谐友善的氛围，又明确表达了自己的主张和观点，从而维护了自己的利益。

思考与练习

1. 谈谈赢得客户信任的技巧。
2. 谈谈说服客户的技巧。
3. 谈判前应做哪些准备？
4. 谈判人员应注意哪些礼仪事项？

模拟训练

1. 请同学们分组，模拟一次拜访者的礼仪。
2. 请同学们分成两组，模拟谈判双方在谈判开始前的沟通礼仪。

读一读，想一想

一次，一家中国出口商向日本出口泥鳅，但发现冷库中只有黄鳝，此时发货期又近在眼前，再采办泥鳅，时间上已经不允许。考虑到与日本进口商是老关系，中国出口商遂将黄鳝装运出口。货到日本，日商大吃一惊，并立即要求退货，同时提出索赔要求。我方出口商解释说，鉴于贵方是老主顾，这才将我们心目中营养价值更高、价格更贵的黄鳝当做泥鳅卖给你方，何必如此呢？日方回答说，黄鳝像蛇，很可怕，我们日本人是从来不吃的，泥鳅倒是吃了一百多年了。所以黄鳝虽好，在日本却是废物一堆。结果中国出口商只能接受退货并赔偿。

第十章 10 中国民族礼俗

中国是一个历史悠久、文化灿烂的多民族的社会主义国家，自古以来被誉为礼仪之邦。今天我们学习的礼仪是现代礼仪，是汇聚了古今中外礼俗文化精华的礼仪，但是它的根仍然深深扎在中华民族优秀文化这一沃土之中。因此，学习和了解中国56个民族共同创造的礼俗文化，是我们学好现代礼仪的基础。限于篇幅，本章只着重介绍汉族和部分少数民族富有特色的习俗与礼仪。

第一节 汉族习俗与礼仪

汉族主要由先秦时代的华夏族发展而来，在长期的历史演化过程中融合了众多民族，成为中华民族的主体。汉族人民创造了光辉灿烂的汉文化，形成了丰富多彩的习俗与礼仪。这里主要有选择性的介绍汉族的传统节日、诞辰庆祝及婚俗。

一、传统节日

1. 元旦

元旦在古代时亦称“元日”。据说夏代以农历正月为元，初一为旦。此后历代的元旦日期不尽一致。辛亥革命后，农历正月初一改称春节，把阳历1月1日称为新年。1949年9月27日，中国人民政治协商会议第一届全体会议通过决议，“中华人民共和国纪年采用公元纪年法……”将公历（阳历）1月1日正式定为元旦，农历（阴历）一月一日定为春节。

北宋著名政治家、文学家王安石的佳作《元日》，生动地描述了古时人们欢庆元旦的热闹情景：

爆竹声中一岁除，春风送暖入屠苏。
千门万户曈曈日，总把新桃换旧符。

如今，每逢元旦，全国放假一天。祖国各地张灯结彩，欢庆元旦。家家户户收拾得干干净净、整整齐齐。亲友互寄节日贺卡，亲切问候，沉浸在节日的欢乐气氛中。

2. 春节

春节是汉族最隆重的传统节日。春节持续时间长，过去一般从农历十二月二十三日（俗称“小年”）到正月十五日。其内容丰富多彩，主要有过小年、祭灶、扫尘、买年货、贴春联、贴年画、除夕守岁、放鞭炮、拜年等。喜庆活动通常在大年三十（俗称“除夕”）达到高潮。家家户户装饰一新，男女老少欢聚一堂，吃丰盛的团圆饭（年饭）。许多人家彻夜不眠，“秉烛待旦”，迎接新年的到来，谓之“守岁”。唐太宗李世民有《守岁》诗一首记其事：

暮景斜芳殿，年华丽绮宫。
寒辞去冬雪，暖带入春风。
阶馥舒梅素，盘花卷烛红。
共欢新故岁，迎送一宵中。

正月初一，人们开始拜年，先拜高堂尊长，然后向亲朋好友恭贺新禧。

如今，春节习俗有所改变。每逢新春佳节，全国放假三天。扫尘、守岁、拜年等习俗仍然盛行，但祭灶、拜天地神祇、行跪拜磕头礼等一些带有封建迷信色彩的陋俗被摒弃，而除夕晚上观看中央电视台的春节联欢晚会，春节期间举行团拜，亲朋好友间互发短信等具有时代特色的活动，为春节增添了新方式、新内容，如图 10-1 所示。

图 10-1　大年三十团圆饭

长见识 10-1

“团圆饭”的来历

在大年三十这一天全家要吃一顿“团圆饭”。这顿“团圆饭”就是把天上的、地上的、水里的东西放在一起做着吃。

相传在很久以前，有一个老员外，家里雇了个好厨师，老员外有一个独生子被抓去当了兵，眼看要过年了，老员外两口想起儿子一年都没给家里捎个信，也不知道是死是活。成天板着脸，没一点要过年的意思。老厨师看在眼里，心里为老两口伤心，可他也没什么别的办法，只想把饭做得好点儿，也叫老两口高兴点儿。年三十这天，老厨师一早儿到街上买了些菜，在厨房里做好了，正想端去，老员外的独生子回来了，老员外可高兴了，拉住儿子问这问那。这一下可又难坏了老厨师，菜只做两盘，是给老员外两口准备的，可这下成了三个，端上去两盘菜多扫兴，若再做一盘吧，菜又不够，这可怎么办？想了一会儿，老厨师有办法了，他把做好的菜和剩下没做的菜放在一块炒了一大盘端了上去。老员外吃一口大盘菜，觉得味道不错，就问："这叫啥菜？味道真好。"老厨师也不知道啊，他想：你家今天团圆了，我是为了你家团圆才做出这样的饭。就随口说："团圆饭"。从此，这种饭便留传下来了，每到大年三十这一天，人们就做一次"团圆饭"，表示全家团圆。

3. 元宵节

农历正月十五，是元宵节。

据载，汉文帝刘恒将农历正月十五定为元宵节。农历正月十五之夜，是一年中第一个月圆之夜。相传汉明帝于元宵节在宫廷、寺院"燃灯表佛"，令士族庶民仿行，以后相沿成俗。因此，元宵节亦称"灯节"。

每逢元宵节，家家户户吃元宵（又名"汤圆"），象征家庭团圆、和睦幸福。入夜，大街小巷张灯结彩。人们上街观灯，其乐融融。南宋著名词人辛弃疾的《青玉案·元夕》，准确描述了宋代的灯会盛况。

东风夜放花千树，
更吹落，星如雨。
宝马雕车香满路。
凤箫声动，玉壶光转，
一夜鱼龙舞。
蛾儿雪柳黄金缕，
笑语盈盈暗香去。
众里寻他千百度，
蓦然回首，那人却在，
灯火阑珊处。

元宵节习俗一直流传下来。如今，每逢农历正月十五，家家户户吃汤圆。华灯初上，城市里各种灯会竞放异彩，吸引了大量观众。农村儿童手提各种形状的小灯笼游玩，十分开心。而一些城乡居民扭秧歌、猜灯谜等，更增添了节日的欢乐气氛。

4. 清明节

清明节一般在农历二月中，公历 4 月 5 日前后（多为 5 日，有时为 4 日或 6 日）。清明节前一天，是纪念春秋时代晋文公的贤臣介子推的寒食节。

古时候，到了清明节，人们禁火寒食，上坟扫墓。唐代著名诗人杜牧的佳作《清明》脍炙人口，而唐代诗人高菊榈的清明诗，则形象地描述了清明节扫墓的情景。

南北山头多墓田，清明祭扫各纷然。
纸灰飞作白蝴蝶，泪血染成红杜鹃。

此外，节日活动还有插柳、踏青、斗鸡、放风筝、荡秋千，等等。如今，每逢清明节，人们手持鲜花或小花圈，为故人扫墓。不少学校和单位还组织学生、职工为英烈扫墓，向他们敬献花篮。许多人结伴踏青，欣赏美丽的春色。而“世界风筝之都”潍坊市举办的国际风筝节和北京等城市举办的风筝比赛，让国内外游客大开眼界。

5．端午节

农历五月初五，是端午节。

关于端午节的起源，主要有“屈原说”、“伍子胥说”、“龙节说”、“恶日说”和“夏至说”等。其中“屈原说”在民间流传最广。

屈原是战国时代楚国人，著有《离骚》等传世之作。他热爱楚国，刚直不阿，曾担任左徒、三闾大夫。后来楚王听信谗言，把屈原削职流放。公元前278年，楚国郢都被秦军攻破。屈原悲愤万分，于同年农历五月初五抱石投汨罗江，以身殉国。两岸百姓惊悉噩耗后，纷纷划船打捞他的尸体，往江里扔粽子，使鱼虾饱食，不吃他的尸体。唐代文秀的《端午》诗中说：

节分端午自谁言，万言传闻为屈原。
堪笑楚江空渺渺，不能洗得直臣冤。

宋代时，朝廷追封屈原为“忠烈公”，定农历五月初五为端午节，并谕知全国纪念屈原。历代沿袭下来，形成端午节吃粽子、赛龙舟的习俗。直到今天，每逢端午节，家家户户吃粽子，怀念屈原。许多地方举行龙舟赛，鼓声震天，欢声动地，十分壮观。

6．中秋节

农历八月十五日，是中秋节。

中国古代把月亮尊奉为“月神”，周代已有中秋祭月活动。汉晋隋唐，出现登台观月、泛舟赏月等活动。宋代始定农历八月十五日为中秋节。

中秋之夜，金风玉露，月亮又圆又亮。家家户户围坐在一起，一边观赏明月，一边品尝月饼。人们因月圆联想到合家团圆，盼望与亲人聚会。北宋著名文学家苏轼的佳作《水调歌头》，因隽永地表达了怀念亲人的眷眷情思而传颂至今。

明月几时有？把酒问青天。
不知天上宫阙，今夕是何年？
我欲乘风归去，又恐琼楼玉宇，高处不胜寒。

起舞弄清影，何似在人间。
转朱阁，低绮户，照无眠。
不应有恨，何事长向别时圆？
人有悲欢离合，月有阴晴圆缺，此事古难全。
但愿人长久，千里共婵娟。

如今，每逢中秋佳节，家家户户欢聚一堂，一边品尝月饼，一边欣赏明月。而昔日带有迷信色彩的祭月活动，则已被人们所摒弃。

7．重阳节

农历九月九日，是重阳节。

据《易经》“以阳爻为九”，九为阳数。九月九日是两个阳数相重，故名“重阳”。战国时，重阳日已被视为吉日。汉代时，在重阳日过节渐成风习。重阳节活动内容主要有登高、赏菊（重阳节亦称“菊花节”）、喝菊花酒、插茱萸（一种中药植物）、吃重阳糕。在描写重阳登高的大量诗篇中，唐代优秀诗人王维的《九月九日忆山东兄弟》久负盛名。

独在异乡为异客，每逢佳节倍思亲。
遥知兄弟登高处，遍插茱萸少一人。

重阳节习俗一直流传下来。如今，每逢重阳节，人们登山远足，进行野餐。政府职能部门和一些社会团体向老年人表达敬意，帮助他们解决困难。全国许多城市在重阳节前后举办菊花展。造型奇特、色彩纷呈的菊花展，吸引了无数爱菊、赏菊的市民。眼下菊花酒已不多见，但醇香爽口的菊花晶、菊花茶等，则颇受广大顾客的青睐。

✪ 长见识 10-2

重阳佩茱萸的习俗

重阳佩茱萸的习俗在唐代很盛行，人们认为在重阳节这一天插茱萸可以避难消灾；或佩带于臂，或作香袋把茱萸放在里面佩带，称为茱萸囊，还有插在头上的。大多是妇女、儿童佩戴，有些地方，男子也佩戴。重阳节佩茱萸，在晋代葛洪《西经杂记》中就有记载。除了佩戴茱萸，人们也有头戴菊花的。唐代就已经如此，历代盛行。清代，北京重阳节的习俗是把菊花枝叶贴在门窗上，“解除凶秽，以招吉祥”。这是头上簪菊的变俗。宋代，还有将彩缯剪成茱萸、菊花来相赠佩带的。重阳茱萸其实和端午节的雄黄和菖蒲的作用差不多，目的在于除虫防蛀。因为过了重阳节，就是十月小阳春，天气有一段时间回暖；而在重阳以前的一段时间内，秋雨潮湿，秋热也尚未退尽，衣物容易霉变。这段时间又是桂花盛开之时，所以民间称之为“桂花蒸”，这时必须防虫。茱萸有小毒，有除虫作用，制茱萸囊的风俗正是这样来的。但是在宋元之后，佩茱萸的习俗逐渐稀见了。其变化的原由大概要从重阳节习俗重心的潜移中去理解。重阳节在早期民众的生活中强调的是避邪消灾，随着人们生活状态的改善，人们不仅关注目前的现实生活，而且对未来生活给予了更多的期盼，祈求长生与延寿。所以“延寿客”（菊花）的地位最终盖过了“避邪翁”（茱萸）。

二、诞辰礼仪

诞辰礼仪可分为诞生礼和生日礼。

（一）诞生礼

诞生礼，是指孩子出生后举行的一系列喜庆活动，主要有贺三朝、满月礼、百日礼、周岁礼等。

实际上，孩子尚在母腹中，亲友们已是喜上眉梢，开始为孩子准备衣物。孩子出生后，女婿应去岳父家“报喜”，送去染红的鸡蛋（俗称“喜蛋”）等。

1. 贺三朝

孩子出生后的第三天，家长要宴请亲家及诸亲友，称“贺三朝”。该日午饭后给孩子洗澡，俗称“洗三”。

2. 满月礼

孩子满月，家长要请亲朋好友喝满月酒。宾客携贺礼赴宴。满月日给孩子剃头发（称“剃胎发”）。

3. 百日礼

孩子出生一百天，家长要设宴款待前来庆贺的亲友。贺百日的传统礼物有百家衣、长命锁及鞋帽等。

4. 周岁礼

孩子满周岁，家长要宴请亲朋宾客，还要举行富有特色的“抓周”活动。

抓周旨在检测周岁幼儿的性情、志趣，并据此预测其未来。通常在男孩面前放上弓箭、纸笔、算盘、珠宝、饮食、玩具等，在女孩面前再加上刀剪针线，看孩子抓取何物。古时候，父母最希望儿子抓纸笔、弓箭，盼望儿子长大后“文能治国，武能安邦”。其实，孩子抓取何物并不能决定其一生，家长不必太在意。但观看幼儿摸爬玩耍的天真神态，倒是别有情趣。

（二）生日礼

生日礼，即过生日的礼俗。

青少年和中年人每逢生日来临，要举行庆贺活动，即“过生日”，一般逢十举行隆重庆贺，尤以 10 岁、30 岁为重。为年满 60 岁的老人举行庆贺活动，则称“做寿”，逢十（如 70 岁、80 岁、90 岁）做大寿。

古代孩子过生日，吃喝一顿就算了事，但为老人祝寿则特别讲究，通常要设寿堂、贴寿联、挂寿幛、点寿烛、献寿桃、吃寿面等。

近些年来，孩子们的生日越来越受重视。一般家庭父母等长辈要给过生日的孩子送礼物，如送玩具、新衣服、学习用品等，另给 50 元或 100 元甚至更多的现金。如今过生日，点生日蜡烛、吃生日蛋糕，已成为新时尚。

生日蛋糕上所插的蜡烛的支数要与生日主人的年龄相对应。通常 20 岁以下可用 1 支蜡烛代表 1 岁，有多少岁插多少支，如过 20 岁生日便插 20 支蜡烛。20 岁以上者，可用 1 支大蜡烛代表 10 岁，1 支小蜡烛代表 1 岁。

现在给老人祝寿，一般都是中西结合，既吃生日蛋糕，又吃长寿面，还要拍“全家福”照片作为留念。

三、婚俗

婚俗，即婚姻习俗。

男大当婚，女大当嫁。婚姻是一个人的终身大事，关系重大。因此，婚姻大事自古以来就很受重视。早在先秦时代，便形成了旨在使婚礼隆重而正大光明的“六礼”。

“六礼”即纳采、问名、纳吉、纳征、请期、亲迎。

1. 纳采

男方父亲遣媒人向女方家提亲，女方父母同意后，男方派使者以雁、家鹅等物品为贽礼，正式向女方求婚。

2. 问名

男方通过媒人询问女方姓名、出生年月日、排行、生辰八字等。男方收到女方的庚帖后，请人占卜，预测这门亲事的吉凶。

3. 纳吉

男方占卜获得吉兆，便立即向女方家报喜，双方换帖，订立婚约。

4. 纳征

男方向女方送聘礼，进一步确定婚事。近代婚俗中的“送彩礼”，即由此演变而来。

5. 请期

即议定结婚日期。男方择定完婚吉日，备礼去女方家，以征得同意。

6．亲迎

男方于择定成婚日去女方家迎娶新娘。迎娶是婚礼的高潮，主要仪式包括迎轿、拜堂、合卺（后改为喝交杯酒）、闹洞房等。

上述“六礼”，对汉族婚俗的演变长期起着主导作用。“六礼”使婚礼规范化，有章可循，但过于繁琐、迂腐，故此在历史上曾造成许多有情人难以结合的悲剧。到了近代，婚俗有所简化。婚嫁礼仪主要有说媒、相亲、定亲、迎娶等。而如今，婚俗更趋于简便。男女双方认识后彼此满意，大多数青年征得父母同意并交往一段日子便可筹办婚事，然后选择春节、元旦、“五一”或“十一”等节庆假日举办婚礼。也有些青年人选择旅行结婚的方式。

第二节　部分少数民族习俗与礼仪

中国是个统一的多民族国家，有 55 个少数民族。每个民族的礼俗文化都各有特色。本节由于篇幅所限，仅介绍满族、朝鲜族、回族、壮族、苗族、彝族、土家族、布依族、侗族、白族、哈尼族、傣族、黎族、蒙古族、维吾尔族、哈萨克族、藏族、高山族，共 18 个少数民族颇具特色的习俗与礼仪。

一、满族

明朝末年，满族英雄努尔哈赤经过 30 年的努力，统一了中国东北地区的女真人，初步形成满洲民族，即满族。他把满洲人分别组织在黄、白、红、蓝、镶黄、镶白、镶红、镶蓝八旗之中，实行全民皆兵。后来，满族政权还陆续建立了蒙古八旗和汉军八旗。1644 年，八旗铁骑入关，占领北京，席卷大江南北，建立了疆域辽阔的清帝国。

满族人很早就信奉萨满教，每逢祭祖、祭天，要由萨满戴上神帽，穿上裙子，系上腰铃，击鼓起舞，边祷边跳。满族人重礼节，有一个时期，晚辈对长辈是三天一小礼，五天一大礼。三天见长辈要请安，五天见长辈要“打千”。男人“打千”要哈腰，右手下伸，左手扶膝，像拾东西一样；女人“打千”要扶膝下蹲。满族男人留发梳辫，穿马蹄袖袍褂，系腰带；妇女头顶盘髻，穿宽大直统旗袍，不缠足。今天，旗袍已经成为典型的东方妇女服饰，风靡全球。

中国的满族人口有一半以上居住在辽宁省，其他散居在吉林、黑龙江、河北等省，以及北京、西安和成都等大城市。

二、朝鲜族

我国的朝鲜族主要生活在东北三省和关内的一些大城市。居住最集中的地区是吉林省延边朝鲜族自治州和长白朝鲜族自治县。他们居住的地区是我国北方的“水稻之乡”。

朝鲜族的房屋屋顶由四个斜面构成，房屋正面开三扇或四扇门，室内用砖或石平铺成炕，进屋脱鞋，席炕而坐。朝鲜族妇女的传统服装是短衣长裙，以长布带打结。男子也穿短衣，外罩坎肩，裤腿宽大。朝鲜族能歌善舞（见图 10-2），姑娘们爱荡秋千和在跳板上飞腾，小伙子则喜欢一对对扭在一起摔跤，似猛虎角力。朝鲜族的传统食品有冷面、泡菜和打糕等。

图 10-2　朝鲜族长鼓舞

长见识 10-3

朝鲜族舞蹈

朝鲜族是从事水田种植的古老民族，其民间舞蹈具有农耕劳动的特征，它是在古代的扶余、高句丽及朝鲜半岛的传统文化基础上形成的，后又在中国东北地区的特定环境中，育成具有风韵典雅、含蓄等特色的舞蹈。

朝鲜族舞蹈动作多为即兴的。其特点是幅度大，表演者的内在情绪与动作和谐一致，长于表现潇洒、欢快的情绪。其伴奏音乐旋律优美，节奏多变。

朝鲜族舞蹈的主要形式有农乐舞、假面舞、剑舞、长鼓舞、扁鼓舞、扇舞、拍打舞等。

三、回族

回族散居全国各地，是我国分布最广的少数民族。他们主要聚居于宁夏回族自治区，在甘肃、青海、河南、河北、山东、云南等省也有聚居区。

回族的形成与发展深受伊斯兰教的影响，居民大多信仰伊斯兰教，在我国也称回教。回族喜欢环清真寺而居，在农村往往自成村落。他们的生活习惯有较深的宗教烙印，婴儿出生要请阿訇起名字，结婚要请阿訇证婚，去世后要请阿訇主持葬礼。回族忌食猪肉、动物的血和自死的动物。男子喜欢戴白帽或黑帽。

四、壮族

壮族过去有 20 种称呼，1949 年以后统称为僮族，1965 年改称为壮族。壮族是我国人口最多的少数民族，主要聚居在广西壮族自治区、云南文山壮族苗族自治州，少数分布在广东、湖南、贵州、四川等省。壮族聚居地区多山，他们大多从事农业生产。

壮族人喜欢吃腌制的酸食，以生鱼片为佳肴，妇女有嚼槟榔的习惯。壮族人信仰多神，除祭祀祖先外，最早还膜拜巨石、高山、土地和龙蛇等。壮族人有歌圩的习俗，每年农历三月初三日，大家聚集到山坡上，搭起赛歌台，参加唱山歌的男女青年们先唱“见面歌”、“迎客歌”。唱过山歌之后，就开始抛绣球、碰彩蛋、抢花炮等娱乐活动。大的歌圩有上万人参加，他们常以唱山歌来祈求风调雨顺，五谷丰登。

壮族在两三千年的历史发展过程中，创造了瑰丽的文化艺术。壮族的先民在广西左江两岸的陡壁上绘制了大量的崖壁画。从战国时期开始，壮族人民就能铸造铜鼓，它既是乐器，又是权力和财富的象征。独具民族风格的壮锦久负盛名，远销国内外。

五、苗族

秦汉时代，苗族的先民聚居在“五溪”（今湖南省西部和贵州东部地区），后来不断迁徙，分散到南方各省。现在，苗族主要分布在贵州、湖南、云南、四川、广西、湖北、广东、海南等地。

苗族男子一般都穿对襟或左大襟的短衣，下穿长裤，系大腰带，头缠青色长巾。妇女大多穿大领短衣和百褶裙。山区苗族的住宅建筑大多是“吊脚楼”，它是按照山坡的自然地势，在下方和上方分别竖立较长和较短的木桩支撑，在桩上铺楼板建筑。楼上住人，楼下堆放杂物或关家畜。

苗族有悠久的文化传统，能歌善舞，芦笙是他们最喜爱的乐器。苗族的芦笙舞蜚声国内外。蜡染工艺已有千年历史，在国内外享有盛誉。

六、彝族

彝族主要分布在云南、四川、贵州，少数在广西。他们主要从事农业，有定期赶集贸易的习惯。

彝族男子通常穿黑色窄袖右斜襟上衣和多褶宽裤脚长裤，用长数丈的青布包头。女子头上缠包头，有围腰和腰带。男女外出时都披“擦尔瓦”，形如斗篷，下缀长穗。

彝族的传统节日以火把节最为隆重。《阿诗玛》是著名的彝族民间叙事长诗，在国内外广为流传。

七、土家族

土家族主要分布在湖南省西北部、湖北省恩施地区和四川省东部等地。在唐宋时期，土家人手工生产的溪布、水银和朱砂远近闻名，成为贡品。“西朗卡铺”（土家铺盖）是土家族的两朵艺术之花之一，它编织精巧，色泽绚丽，有100多种图案。土家人的另一朵艺术之花是摆手舞，它是土家族流行的古老舞蹈，古朴优美，生活气息浓厚。

土家妇女爱穿左襟大袖短衣，滚花边，下着八幅长裙或镶边筒裤，头挽发髻，喜欢戴耳、项、手、足圈等银饰物。男子穿对襟衣，多扣子。衣料多用土布或麻布，史书上称为溪布、峒布。

八、布依族

布依族主要聚居在贵州省黄果树瀑布周围的黔南布依族苗族自治州和兴义、安顺地区的几个布依族苗族自治县。

布依族男子大多穿多襟短衣或长衫，包蓝色或白底蓝方格头巾。妇女大多穿右大襟上衣和长裤，或套镶花边短褂，或系绣花围腰，也有穿大襟大领短袄，并配蜡染百褶长裙的。在节日里，妇女还戴各种银质首饰，蜡染是布依族珍贵的手工艺品。

布依族居住区风景秀丽，除了黄果树瀑布外，还有被誉为“贵州高原之花”的花溪。那里土地肥沃，适宜农耕，盛产木棉、剑麻、竹笋、香蕉、黄果以及松杉、青冈等建筑木材。

九、侗族

侗族主要分布在贵州、湖南两省和广西壮族自治区。他们主要从事农业、兼营林业。鼓楼是侗族村寨中别具一格的建筑物，形似宝塔，是村民聚会、休息和娱乐的地方。各村寨都有鼓楼，有的高达 13 层，颇为壮观。逢年过节，侗族人民便聚居在鼓楼前的广场上，尽情歌舞。

侗族人大多穿自纺、自织、自染的侗布，喜青、紫、白、蓝色。村落依山傍水，住房一般用杉树建造木楼，楼上住人，楼下关牲畜或堆放杂物。饮食以大米为主，普遍喜食酸辣味，好饮米酒，用油茶待客。

十、白族

白族自称“白子”、“白尼”，意思是“白人”，主要聚居于云南大理白族自治州。四川西昌和贵州毕节等地也有少数白族人散居。白族聚居区地处云贵高原，气候温和，适宜农业，号称“粮棉之区”。

白族服饰以蓝、白、黑色为主，男女都包头。他们喜欢吃酸、冷、辣味食物，还爱喝烤茶。白族信奉佛教，洱海地区寺院遍布，曾有“妙香古国”称。

十一、哈尼族

哈尼族主要分布在云南省西南部的哀牢山区。他们善造梯田。元江南岸遍是层层叠叠的梯田，有的高达数百级，从河谷一直延伸到山顶，梯田内还养鱼，堪称哀牢山区的“鱼米之乡”。

哈尼人喜欢用自己染织的藏青色土布做衣服。男人穿对襟上衣和长裤，以黑布或白布裹头。妇女穿右襟上衣，下穿长裤，胸前挂成串的银饰，头戴圆帽。哈尼人的住宅大多在山腰，依山势而建。房屋多为土墙草顶楼房，分上、中、下三层，上层堆放杂物，中层住人存粮，下层关养牲畜。哈尼人大多信奉多神崇拜和祖先崇拜，以“龙树”为保护神。几段打了结的绳子作为账本，被哈尼人珍藏在家中最安全的地方。1957 年，哈尼族创制了以拉丁字母为基础的文字。

十二、傣族

傣族主要聚居在云南省西双版纳傣族自治州、德宏傣族景颇族自治州，以及耿马、孟连自治县。傣族人大多居住在群山环抱的河谷平坝地区，雨量充沛，四季常春，盛产稻谷、甘蔗、樟脑、咖啡等农作物，还出产柚木、紫檀、铁力木等珍贵木材，还有野象，犀牛、金丝猴、孔雀等珍禽异兽，被称为“孔雀之乡”。

傣族男子上身穿短衫，下着长裤，冷天披毛毡，多用白布或青布包头。有纹身的习惯。妇女穿窄袖短衣和筒裙。住房是干栏式建筑，西双版纳、德宏瑞丽一带的竹楼别具风格。傣族信奉佛教，过去西双版纳未成年的男子几乎都要过一段僧侣生活，识字念经，才能还俗回家。傣族人民能歌善舞，尤其是孔雀舞具有鲜明独特的民族风格，深受我国各族人民的喜爱。

✪ 长见识 10-4

关于泼水节由来的传说

至今，傣族人民中间还流传着一个十分有趣的神话：远古的时候，傣族地区有个恶魔，他作恶多端，滥施淫威，弄得庄稼无收，人心不宁，民不聊生。人们恨透了他，可是想了很多方法都对付不了。后来，恶魔霸占了七个民女做妻子。姑娘们看到自己的同胞过着悲惨的生活，决心找到消灭恶魔的办法。聪明的七位姑娘们从恶魔的话中发现了他的致命弱点，即惟有恶魔自己的头发才可以置之于死地。一天夜里，恶魔酩酊大醉后沉沉地睡去，姑娘们勇敢地从他的头上拔下一根头发，紧紧拴住他的脖子。果然，恶魔的头颅立刻便掉了下来。可是头一着地，地上就燃起大火。眼看将酿成灾祸，姑娘们立即拾起头颅，大火就熄灭了，恶魔也随之消失。为了避免大火再燃，祸害百姓，姐妹们决定轮流抱住恶魔的头，每年一换。在每年换人的时候，人们都给抱头的姑娘冲水，以便冲去身上的血污和成年的疲惫。后来，傣族人民为纪念这七位机智勇敢的妇女，就在每年的这一天互相泼水，从此形成了傣族辞旧迎新的盛大节日——泼水节。

十三、黎族

黎族生活在海南省最南端“天涯海角”地区。这是一个能歌善舞的民族。钱铃双刀舞、打柴舞、舂米舞等具有独特的民族风格。黎族妇女精于纺织。宋末元初，著名纺织家黄道婆高超的纺织技术，就是在黎族地区居住了40多年学到的。黎族地区以农业生产为主，主要种植水稻、玉米、甘薯等，还盛产橡胶。

黎族妇女在脑后梳髻，上插用箭猪毛或金属、牛骨制成发簪，披绣花头巾，上衣对襟开胸无扣，下穿无褶织绣花纹的筒裙。盛装时戴项圈、手镯、脚环、耳环等。男人上穿无领对襟衣服，下穿前后两幅布的吊幨。部分地区的黎族人保留着纹面、纹身风俗。黎族人喜欢吃水饭。肉食用火烧或生腌，腌肉掺加米粉、野菜等，酸渍后长期保存。

十四、蒙古族

“蒙古”最初只是众多的蒙古地区部落中的一个，后来演变成民族的名称。他们的生活方式独具特色。他们冬季穿皮衣，外罩丝绸或布面，夏季穿布袍，袍身肥大不开叉，俗称蒙古袍。他们居住的是圆形的蒙古包。蒙古族人民喜欢吃牛羊肉和奶食品、喝红茶。

蒙古族主要分布在内蒙古自治区，以及新疆、青海、甘肃、河北和东北三省等地区。蒙古族喜爱骑马，善于马术表演如图10-3所示。

图10-3　蒙古族马术表演

✪ 长见识10-5

蒙古族的节日——“那达慕”大会

“那达慕”蒙古语意为“游戏”或“娱乐”。原指蒙古族传统的“男子三竞技”——摔跤、赛马和射箭。随着时代的发展，逐渐演变成今天的包括多种文化娱乐内容的盛大庆典活动和物资交流活动。历史上的“那达慕”不受时间限制，通常在祭祀山水、军队出征、凯旋、帝王登基、正月以及大型庆典等场合举行。今天的那达慕，每年在夏秋之交举行，一般是看当年牧业的生产情况，小丰收小开，大丰收大开。活动内容除了传统的“男子三竞技”，还有文艺演出、田径比赛和各类经济文化展览以及订货洽谈、物资交流等。

十五、维吾尔族

维吾尔族自称“维吾尔”，有“联合”、“协助”的意思。他们主要分布在新疆维吾尔自治区，大多聚居于天山以南的各绿洲，也有少数分布在湖南省桃源、常德等县。

维吾尔族很早就从游牧畜牧业转向定居农业了。南疆干旱而温暖，北疆寒冷、雨雪充足。在盆地边缘和戈壁上开发绿洲，是维吾尔族农业的一大特色。维吾尔人一般穿棉布衣，男子穿的对襟长袍称“袷袢”，妇女在宽袖衣裙上套黑色对襟背心。男女老少都爱戴四楞小花帽，俗称“尕巴”。未婚少女梳十几条发辫，以长发为美。饮食方面以面为主，喜欢喝奶茶，吃用玉米面或白面烤制的馕。抓饭是节日和待客不可缺少的食品，用羊肉、羊油、胡萝卜、葡萄干、洋葱、大米制成，用手抓食，别有风味。

十六、哈萨克族

哈萨克族主要聚居在新疆维吾尔自治区伊犁哈萨克自治州和木垒、巴里坤两个自治县，少数分布在甘肃和青海等地。

哈萨克族在长期的游牧生活中形成了独特的生活习惯和风俗。他们的服装多用皮毛制成，长袖肥身，便于骑乘。男子在冬天穿皮大氅，腰系皮带，右侧佩挂小刀。妇女穿连衣裙，天冷时外罩对襟棉大衣。姑娘们的花帽上常用猫头鹰羽翎做帽缨，十分美丽。妇女们所戴的白布披巾绣有各种图案。哈萨克人以肉类和奶制品为主食。哈萨克牧民按季节转换牧场，春、夏、秋住圆形毡房，俗称“宇”，冬季住平顶土房。

哈萨克人热情好客，进餐时，主人献上羊头，客人要将羊头右面颊上的肉割下来放在盘中，再割一只羊耳给座上的年幼的人，这是表示接受的礼节。

十七、藏族

藏族分布在西藏自治区和青海、甘肃、四川、云南等省。他们大多居住在高原地区，从事高原畜牧业。

藏族人信奉喇嘛教，即藏传佛教。过去，喇嘛教的上层人物与各地豪强结合，在西藏、青海等地形成了政教合一的封建统治。以前，藏族地区实行封建农奴制，占人口95%的农奴被剥夺了一切生产资料，过着奴隶生活。新中国成立之后，西藏地区实行了民主改革，废除了农奴制，百万农奴翻身做了主人，开始了民族的新生。

藏族人身穿长袖短褂，外套宽肥的长袍，右襟系带，脚穿牛皮长靴。为便于活动，袒出右肩或双臂，两袖系于腰间。男子将发辫盘于头顶上，女子将发辫披在肩上。农区女子大多在腰间系一条图案绚丽的围裙。农区以糌粑为主食，喜欢喝酥油茶；牧区以牛、羊肉为主食。西藏大部分地区不吃飞禽和鱼。献哈达是藏族一种独特的礼仪。哈达是特制的丝织长巾，一般分白、黄、蓝三色，在拜访谒见时双手献上，表达敬意。

十八、高山族

高山族主要居住在台湾岛的山地、东南沿海纵谷平原和兰屿上。由于地区、语言的差异，内部有阿美人、泰雅人、排诱人、雅美人等不同的名称。高山族有本民族的语言，但各地语言差别较大，没有本民族的文字。

高山族的衣服主要用麻布、棉布制成，样式各地不一。一般男子穿披肩、背心、短褂、短裤。妇女穿短上衣、围裙和自肩上向腋下斜披的偏衫，在衣服上加刺纹绣，并佩戴用贝壳、兽骨磨成的装饰品。高山族人民能歌善舞，精于雕刻和绘画。

高山族主要从事农业生产，种植水稻、旱稻、粟、黍等。雅美人以捕鱼为主，同时饲养鸡、犬、猪。排诱人主要养牛。

思考与练习

1. 谈谈汉族有哪些重要的节日。
2. 谈谈自己过生日的礼节。
3. 谈谈满族的主要礼俗？
4. 谈谈藏族的主要礼俗？

模拟训练

1. 请同学们分组，模拟一次汉族或少数民族过年的礼俗。
2. 请同学们分组，模拟一次少数民族（如朝鲜族）的礼俗。

读一读，想一想

越是民族的就越是国际的。现在各国的外交礼仪，在内容、程序上大体一致，即对来访的外国客人都能行得通，也就是说与国际礼仪接轨。而每个国家的外交礼仪，彼此之间又不完全一样，都会加入本国的民族礼仪传统因素，使其具有本国的特点。

欧美国家在近代史上扮演主角，因此当今国际礼仪的很多形式、程序，直接来自欧美国家，如欢迎国家元首鸣放礼炮21响，来自英国、美国；西服上的领带据说来自法国；亲吻礼可能来自意大利，等等。

国际礼仪中不仅吸纳了西方欧美国家礼仪，同时也有其他国家、民族的贡献。如贵宾到南亚诸国访问，主人会向客人献花环，并将其套到客人的脖子上，花香扑鼻、热烈隆重；访问俄罗斯和其他属于斯拉夫民族的国家，主人会让盛装美丽的少女向客人献上新烤制的面包，外加一小碟咸盐，请客人撕一小块面包蘸点盐吃下；访问阿拉伯国家，主人会向客人献上马奶、椰枣。

由各国优秀的民族礼仪形式汇合而成的国际礼仪，也会影响各国的民族礼仪，也会被各国学习、效仿。因此可以说，越是民族的，便越是国际的；反之亦然。优秀的礼仪文化，都会不胫而走，造福于人类。

中国外交礼仪，不仅善于学习别国的长处，而且又注意保持本国特色，发扬光大本民族优秀礼仪传统，并不断充实到自己的外交礼仪实践中。在2008年北京奥运会开幕式上，一系列奥运会之“最”在我国产生了。大型焰火“大脚印”造型、汉字书写以及方块字团体操等都给人留下极为深刻的印象，大大丰富了中国对外礼仪活动的内涵，也是中国对国际礼仪的一次重要贡献。

中国的礼仪文化早已在世界上引起广泛关注，遍布世界各个角落的中餐馆，不断地把中餐礼仪文化传给各国人民。中餐中独有的“杂碎”，历史悠久，味道很好，已被收入《牛津大辞典》。另外，像中餐词语“点心”、“炒锅”、“炒面”、“豆腐”等也已深入到西方人日常生活词语中。

近年来，世界各国纷纷建立孔子学院，就是对中华礼仪文化的认可。瑞士日内瓦湖畔小镇格里昂，有一座收费昂贵的贵族礼仪学校，为世界各国贵族年轻女子传授礼仪知识，其中在其餐桌礼仪中，专门讲喝中国盖碗茶的礼仪。

中国的服饰礼仪也在影响着世界，外国女士穿中国旗袍已是司空见惯，外国裁缝参照旗袍剪裁女士服装，也不是什么新鲜事了。

随着中国国力不断增长，中华民族礼仪文化也必将推动世界文明不断向前迈进。

（资料来源：《人民日报海外版》2010年1月30日，第6版）

参 考 文 献

[1] 金正昆．社交礼仪[M]．北京：北京大学出版社，2005.

[2] 李荣建．社交礼仪[M]．北京：清华大学出版社，2007.

[3] 潘彦维．公关礼仪[M]．北京：北京师范大学出版社，2007.

[4] 熊经浴．现代实用社交礼仪[M]．北京：金盾出版社，2004.

[5] 李荣建，宋和平．社交礼仪[M]．武汉：武汉大学出版社，2005.

[6] 宋常桐．公共关系与现代礼仪[M]．北京：清华大学出版社，2007.

[7] 秦启文．现代公关礼仪[M]．重庆：西南师范大学出版社，1999.

[8] 周裕新．公关礼仪艺术[M]．上海：同济大学出版社，2004.

[9] 陈继光．礼貌礼节礼仪[M]．广州：中山大学出版社，1997.

[10] 翁海峰．职业礼仪规范[M]．北京：机械工业出版社，2009.

[11] 蔡晓红．礼仪与沟通[M]．北京：机械工业出版社，2010.

[12] 韩悦．现代礼仪[M]．北京：机械工业出版社，2010.

[13] 国英．现代礼仪[M]．北京：机械工业出版社，2009.

[14] 中央文献研究室．毛泽东书信选集[M]．北京：中央文献出版社，2003.

编者声明

本书在编著过程中，从互联网上搜集和下载了一些艺术性很高、思想内容健康向上、能够受到学生欢迎的图片。这些图片对学生明辨是非、树立良好的道德规范和礼仪规范具有直观的教育作用，因此经过精选将其插入本书相关的章节之中，有的还根据需要做了一些修改和变动。由于未能在互联网上查找到这些图片的全部出处及作者姓名，因此均未标出，在此对上述网站及作者表示衷心的感谢和深深的歉意。为了尊重作者及其权益，凡本书采用其图片的作者，均可与本书编者联系，只要情况属实编者愿意支付其相应的报酬。

联系电话：13304066829 或 13704167133

联系人：鲍小平

联系地址：辽宁省锦州市人民街五段 14 号　辽宁省农业经济学校

编　者